Canary Islands

UTE EITZENHÖFER

SCHMUCK JEWELLERY

Der Himmel ist überall gleich
Heaven is the same everywhere

UTE EITZENHÖFER

SCHMUCK JEWELLERY

ARNOLDSCHE ART PUBLISHERS

Ich danke denen, die mir begegnet sind und die mich unterstützt haben:
I thank those whom I have met and who have supported me:

meinen Eltern Emmi und Thomas und meinem Bruder Rolf
sowie
my parents Emmi and Thomas and my brother Rolf
as well as
Eggert Bahrs, Iris Bodemer, Prof. Lothar Brügel, Prof. Johanna Dahm, Laura und Stefan Friedemann, Loes Fröhlich, Erwin Pauly, Anke Hauer, Niki Heffels, Barbara Hellinge, Karsten Hintz, Gaby Hofsäß, Heinz Hub, Svenja John, Winfried Juchem, Oranna Kammann, Prof. Dr. Angelika Karger, Katja Kleiber, Renate Kley, Prof. Franz Kluge, Willi Lindemann, Valeska Link, Prof. Dr. Alfons Mattheis, Michael Müller, Bernd Munsteiner, Jens Neckermann, Petra Ohnmacht, Werner Häring, Bärbel Rapp, Kirsten Renken-Kornelius, Tabea Reulecke, Martina, Kai und Julius Richter, Wolfgang Rogoll, Peter Schneider, Prof. Theo Smeets, Sabine Thörner, Doreen Timmerman, Marie José van den Hout, Marion Wachter, Prof. Dr. Jörg Wallmeier, Barbara und Michael Weiland, Julia Wild, Cornelia Wruck

und für die Bereitschaft, sich mit meinem Schmuck porträtieren zu lassen:
and for their willingness to be portrayed wearing my jewellery:

Gaby Behrens, Prof. Lothar Brügel, Emmi Eitzenhöfer, Rolf Eitzenhöfer, Thomas Eitzenhöfer, Gaby Gerster, Anke Hauer, Lissy Hauer, Hugo, Katja Köditz, Wolfgang Löffler, Michael Seufert, Winfried Stürzl, Magdalena West, Dieter Zühlsdorff

Ute Eitzenhöfer

INHALT
CONTENTS

EIN SPAZIERGANG

Cornelie Holzach

Lassen Sie uns einen Spaziergang machen – durch einen weitläufigen Park, ein wenig an die englischen Landschaftsgärten erinnernd, aber auch an Industriebrachen, das Niemandsland, an dem viele vorbeigehen und -sehen. An manchen Stellen aber finden sich doch üppige Blumenbeete und Ausblicke auf wohlgestalte Wiesen und Lichtungen. Gut begehbare Wege, schmale, kaum sichtbare Pfade, ein wenig wacklig wirkende Stege durchkreuzen den Park, dessen schützende Außengrenzen nicht sichtbar sind, aber doch da sein müssen, denn dieser Park ist ruhig. Es lässt sich gut darin spazieren, der Lärm der Stadt ist durch gleichmäßiges Rauschen vertreten, ab und zu ein wenig lauter werdend. Wir fühlen uns nicht ausgesetzt und einsam, sondern mitten in der Welt, dabei von einem schützenden Raum umgeben, der beruhigt und zugleich neugierig macht auf das, was zu sehen ist und zunehmend erhellend wirkt.

Auf unserem Gang begegnen uns ein wenig seltsame, leicht disparate Objekte, mal sind sie sehr alleine, andere finden sich in Gruppen zusammen und strahlen Kraft und Stärke aus, nie aber sind sie aufdringlich. Es sind kleine Dinge, die mit einem sprechen, und obwohl man ab und an ihre Sprachen nicht kennt, glaubt man sie zu verstehen. Oder ist man es selbst, auf den man hört, wenn man mit ihnen kommuniziert? Vielleicht aber sind es vielsprachige Objekte, die ihre eigene Melodie haben und auch die des Gegenübers aufnehmen können. Sie wollen verstanden werden – jedoch nicht um jeden Preis. Ganz am Anfang unseres Weges stehen sie auf dem Kopf und fragen ganz ohne Umschweife »Was beschwert Dich?«[1]. Es sind Ringe, deren Schienen aus Papier bestehen, der Ringkopf jeweils aus Gold erinnert an einen Goldbarren. Er ist zum einen tatsächlicher materieller Wert, zum anderen steht er auch als Symbol für die Ökonomisierung der Gesellschaft: Gold gleich Geld gleich Macht. Und auf den Kopf gestellt ist er die Schwere, die den Papierring am Boden festhält. Das Materielle beschwert die Leichtigkeit des Lebens. Ein gewisses Unbehagen macht sich breit bei diesem deutlichen Hinweis auf die Fragwürdigkeit eines

[1] Seite 7

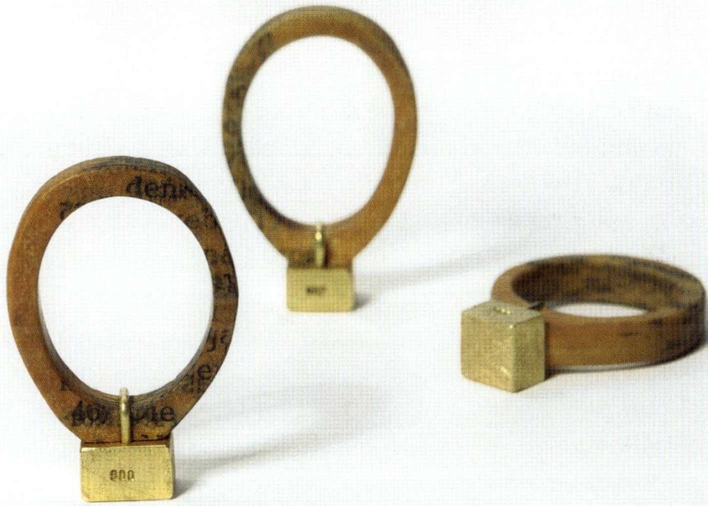

materialistischen Wertesystems, das auch nicht durch die feine Ironie – das so vergängliche Papier trägt Gold, das Symbol des Unvergänglichen schlechthin, wie einen Edelstein – aufgehoben werden kann. Wir behalten die Frage »Was beschwert Dich?« im Gedächtnis und stellen sie uns immer wieder, wenn wir weitergehen.

Kaum sichtbar, so, wie Spinnfäden im Altweibersommer kitzeln, nehmen wir den Hauch eines Schmuckstücks wahr. Ein Halsschmuck gefertigt aus einzelnen künstlichen Haaren[2] ist getragen auf der Haut so gut wie nicht sichtbar, wohl aber spürbar für die Trägerin. Es geht also nicht um das, was man sehen und zeigen kann, sondern darum zu erkunden, wie sich das Wissen um die Fragilität und die hauchfeinen Berührungen dieses Schmuckstücks auf Wahrnehmung und Haltung auswirken. Die sinnliche Wahrnehmung, das Kitzeln der Haut, geht dabei im übertragenen Sinne einher mit einer Auswirkung auf die innere Haltung. Ein Schmuckstück, das fast nicht vorhanden ist, hat weitreichende Wirkung auf seine Trägerin, das ist die gewagte These dieser Arbeit, die sich bestätigen lässt: Man bewegt sich vorsichtiger und aufmerksamer, wenn man diesen Halsschmuck anlegt, und diejenigen, die den Schmuck zwar nicht an der Trägerin sehen, nehmen sehr wohl ihre veränderte Haltung wahr. Es ist zugleich auch die Antithese zum landläufigen Verständnis von Schmuck: Wertvolle Materialien wie Gold und Edelsteine zieren möglichst weithin sichtbar.

Wir lassen das zarte Gespinst hinter uns und spazieren weiter in einen dichter werdenden Wald mit Ausblicken auf eine karge Ebene. Wieder ein Halsschmuck, aber nahezu das Gegenteil dessen, was wir vorher betrachtet haben. Materie verdichtet sich zu hart geschmiedeten Plomben, die auf einer Schnur aufgereiht sind[3]. Es ist ein Stück aus einer Gruppe, die zu einem Gedicht von Ingeborg Bachmann – Das erstgeborene Land – entstanden ist. Auf den ersten Blick einfach und geradezu harmlos wirkend, ist es doch von großer Tiefe und Vielschichtigkeit. Schmuckstücke, entstanden zu und mit literarischen Texten, sind nicht einfach das Übersetzen von Gedanken in Gegenstände, sondern stellen einen komplizierten Prozess des Filterns von individuellem Empfinden dar. Nicht der rationale Zugang ist wichtig, sondern das Mitschwingen mit dem Text, die eigenen Gedanken, Assoziationen und Gefühle weisen den Weg zum späteren Schmuckstück. Eine Plombe dient dazu, etwas zu sichern, dauerhaft zu verschließen und Unveränderbarkeit zu demonstrieren. Mit einer Plombe wird ein Prozess angehalten und ein definierter Zustand fixiert. Dies ist soweit ganz klar; keineswegs eindeutig aber ist eine Plombe auf einer

[2] Seite 9
[3] Seite 10

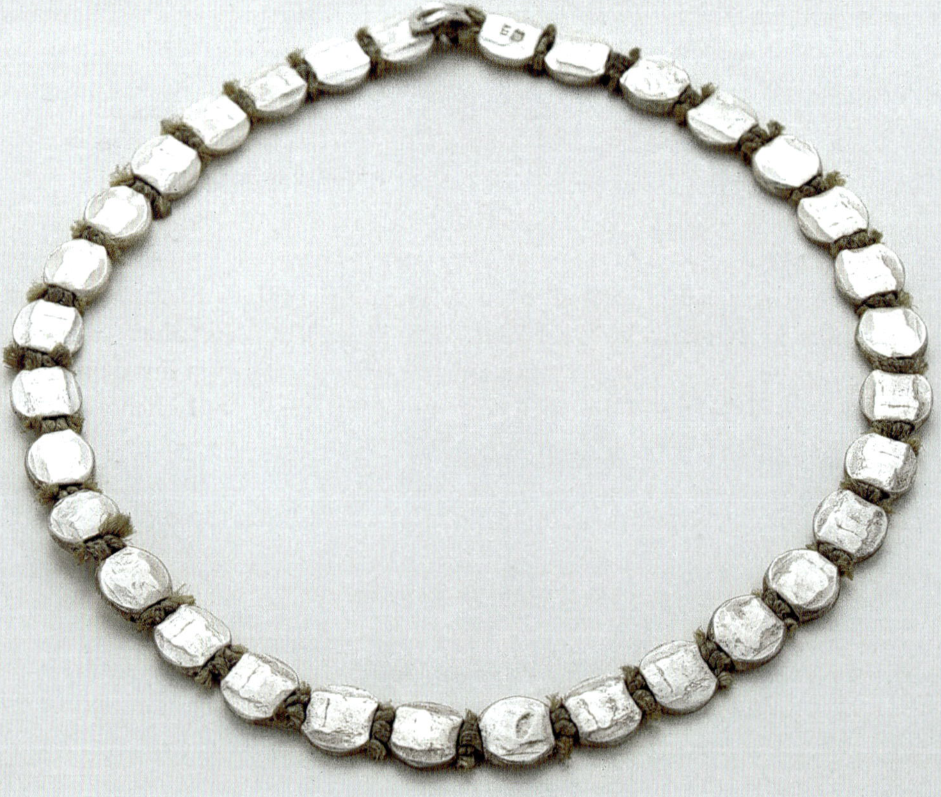

ziemlich weichen Schnur – schon allein das Quetschen der Fasern durch das harte Metall nimmt die Schnur so in Anspruch, dass die Bruchstelle programmiert ist. Wir wiegen uns also in der vermeintlichen Sicherheit, dass sich nichts verändern wird, dass die Plombe, die Kette ewig hält und doch hat der Verfallsprozess schon begonnen. Aber Schmuck soll uns doch überdauern, für immer bestehen. Was bedeutet es dann, wenn wir wissen, dass er es nicht tut? Die Frage nach dem Wert stellt sich einmal mehr, sie wird unseren ganzen Weg begleiten. Wird das Schmuckstück wertvoller, weil ich darauf achten muss, dass es nicht kaputt geht, oder verliert es gerade dadurch seinen Wert? Eindeutig lässt sich dies nicht beantworten, wir befinden uns immer in einer Situation, die beide Sichtweisen zulässt, wohl werden wir im Laufe der Zeit auch unsere Ansicht dazu ändern. Unbestritten ist, dass wir uns damit beschäftigen müssen, und dies ist wohl der eigensinnigste Wert eines Schmuckstücks.
Weiter geht es hinaus in die grelle Sonne, bleiche Holzstücke ohne Rinde, Treibgut[4] mit bizarren Formen lockt zum Sammeln und Betrachten. Schmuck daraus gemacht, mit Perlen und Edelmetall versehen, bringt erneut die Frage nach dem Wert auf, sowohl dem individuellen, am Fundstück und seiner für mich wichtigen Geschichte festgemachten, als auch dem allgemein messbaren Handelswert der Perlen. Hinzu kommt die Selbstverständlichkeit der überwältigenden Naturschönheit. Hier ist es Aufgabe, ihr nicht so zu verfallen, dass sie das Arbeiten mit dem Objekt, dem Material be- und vielleicht sogar verhindert. Eine ähnliche Problematik wird uns bei den Edelsteinen begegnen, doch zuvor begeben wir uns auf ein ganz und gar künstliches Terrain. Wir wenden uns ein wenig zur Seite und erblicken üppige Blüten in gepflegten Beeten. Der »Omaverstehmich«-Anhänger und die gleichnamigen Broschen zielen wiederum auf die Werthaltigkeit von Schmuck, stundenlange aufwändige Stickerei mit Wollfäden auf Goldblech: Was ist wertvoller, die Arbeitszeit und die Kunstfertigkeit oder das Gold? Was bleibt, wenn die Wolle vergangen ist, nur ein Blech mit Löchern? Aber schon der Titel »Omaverstehmich«[5] weist einen weiteren Weg. Wie kann ich erklären, was die Bedeutung auch des wertlosesten Materials ausmacht? Indem ich allgemein anerkannte Wertkriterien sichtbar mache. Das kunstvolle Sticken wird jeder und vor allem jede Frau der älteren Generation als wertvoll ansehen: so viel Mühe, so viel Zeit, das ist doch etwas, und schön dazu. Es werden uns kleine Fallen gestellt – war es zuvor die Naturschönheit des Treibguts, ist es jetzt die Pracht der reizenden Stickerei, die uns einnimmt und überlistet. Ein schöner Schein, dessen

[4] Seite 28
[5] Seite 12

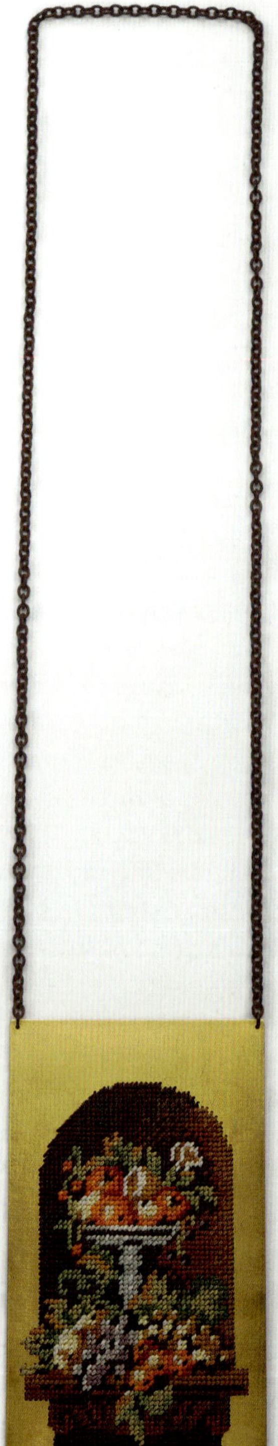

Brüchigkeit aufblitzt, beschäftigen wir uns nur näher damit. Dass mit der Handarbeit auch traditionelle Rollenbilder von Generationen von Frauen angesprochen und in Frage gestellt werden, ist eine weitere, wesentliche Ebene dieser Arbeiten.
Der Pfad führt weg von den Blumen und Stillleben zu seltsam skurrilen Gebilden, meist ziemlich klein und irgendwie bekannt in Form und Farbe, versehen mit wohlklingenden, aber völlig unverständlichen Namen. Einige aber geben Aufschluss über ihre Herkunft – Cremetubengewindebroschen[6] oder Shampoobröschchen[7]. Kunststoffabfall aus dem Sanitärbereich, Zahnpastatuben, Duschgelflaschen oder Cremetubendeckel sind die Grundlage dieser eigenwilligen Familie. An anderer Stelle wird die politische und gesellschaftskritische Dimension dieses Materials und seiner Bearbeitung behandelt, hier sehen wir uns um und entdecken das zweite Leben der Tuben und Döschen. Anders als Holz oder Metall, die im Altern eine eigene Schönheit, eben Patina erhalten, wird Plastik einfach nur alt und unansehnlich, nichts bleibt außer Verfall, der, das muss auch hier erwähnt werden, eine zu lange Halbwertzeit hat. Die Müllberge und riesigen Plastikinseln in den Ozeanen zeugen davon. Mit unendlich viel Zeitaufwand sind die Oberflächen mit Nadelspitzen oder Sticheln flächig bearbeitet, eine pelz- oder samtartige Struktur entsteht, die die Konturen leicht verschwimmen lässt. Die gewählten Aus- und Abschnitte des eigentlichen Gebrauchsgegenstandes tragen zur weiteren Verfremdung bei. Befestigungen aus Gold oder Edelsteine führen die Veränderung fort. Als diese Arbeiten 2002 entstanden und gleich darauf veröffentlicht wurden, war ihnen große Aufmerksamkeit sicher, führten sie doch in ihrer Komplexität lapidar und selbstverständlich vor, wie brüchig und angreifbar Wertvorstellungen sein können. Ein zum Gebrauch und zu anschließender Zerstörung bestimmter Gegenstand wird schon allein durch die Zuwendung und Beschäftigung mit ihm aus seinem zwangsläufigen Kreislauf herausgenommen. Die Lebenszeit wird verlängert, der Verfallsprozess für einen Augenblick ausgesetzt. Ein völlig anonymes Massenprodukt erhält ein eigenes individuelles Antlitz. Es ist der Anachronismus zwischen materiellem Wert – der liegt bei Null – und dem immensen Zeitaufwand, der für das einzelne Stück aufgebracht wird, welcher uns die Fragwürdigkeit unserer Wertvorstellungen vor Augen führt. Aus ökonomischer Sicht ist es der reine Irrsinn, Stunde um Stunde ein Stück Abfall zu bearbeiten, noch dazu aus einem Material, von dem man weiß, dass es kaum eine Generation in gutem Zustand überstehen wird und man es nicht vererben kann. Die zugefügten Perlen oder

[6] Seite 60
[7] Seite 58

Edelsteine machen es nicht zum klassischen Schmuckstück mit Ewigkeitswert, im Gegenteil, diese scheinbar so dauerhaften Dinge zeigen einmal mehr die Brüchigkeit nicht hinterfragter angeblicher Selbstverständlichkeiten.
Machen wir eine kleine Pause auf unserem Spaziergang und betrachten Schmuck im Allgemeinen. Es gilt bei Schmuck noch immer die Annahme, dass er von großer Beständigkeit sein soll und möglichst zeitlos, da er Generationen überdauern muss, er wird als Familienerbstück weitergegeben, den Ehering trägt man – im besten Falle – bis zum Lebensende. In der Realität hat diese Vorstellung keinesfalls Bestand, man muss sich vielmehr fragen, ob hier nicht gute Marketingstrategen den Wunsch nach Unvergänglichkeit genutzt haben. Kaum zehn Prozent des Schmucks sind im Laufe der Geschichte in seiner ursprünglichen Form erhalten geblieben. Oft, vor allem in Umbruchzeiten, deutlich weniger. Gerade die Beständigkeit des Materials – Gold ist nahezu unendlich recycelbar, Edelsteine vergehen nicht – macht es möglich, Schmuck immer wieder zu verändern oder ganz einzuschmelzen. So hat der hohe Gold- und Silberpreis der letzten zwei Jahre den Schmuck der 1960er und 70er Jahre erheblich reduziert. In der weiter zurückliegenden Vergangenheit waren die Verluste noch deutlicher. Kriege und Notzeiten haben immer bewirkt, dass Schmuckgegenstände aus Edelmetall und Edelsteinen auf den Tauschwert des Materials reduziert wurden, weder Arbeitsaufwand noch ästhetische Besonderheit konnten sie vor der Zerstörung schützen. Beispielsweise die Inventare reicher Klöster oder Adelshäuser belegen die immensen Verluste wertvollster Goldschmiede- und Schmuckarbeiten. Oft genug waren sie nicht Opfer von Raub und Plünderung, meistens waren es die Eigentümer selbst, die für den Verlust verantwortlich gemacht werden müssen. Unvergänglichkeit und Zeitlosigkeit trifft also vor allem auf das Schmuckmaterial zu, nicht aber auf den Gegenstand selbst. (Dass Schmuckstücke durch die Bedeutung für ihre Besitzer einen nicht messbaren individuellen Wert haben können, sei hier nicht behandelt.) Aus dieser Perspektive heraus sind Shampoo- und Tubenbröschchen die wahren Schmuckstücke. Nicht das Material ist das Wertvolle, es sind Idee, Gestaltung, Form und Zeit, die den Wert bestimmen. Die Perle, der Edelstein zusammen mit dem Wegwerfgegenstand stören unsere gut eingeübte Betrachtungsweise von Schmuck, für viele ist es geradezu eine Provokation. Genau mit dieser spielt die Seifenschale[8], deren Stifte mit Diamanten bestückt sind. Auf unserem Weg durch den immer bunter werdenden Park begegnen uns nun immer mehr Edelsteine. Nicht

[8] Seite 62

erst seit dem Antritt von Ute Eitzenhöfers Professur in Idar-Oberstein 2005, sondern schon früher tauchen sie da auf, wo sie nach landläufiger Vorstellung nicht hingehören: in Schwammtüchern und Plastikdeckeln. Es scheint, sie, die Edelsteine, suchen eine neue Umgebung. Die Schwere, die ihnen durch Bedeutung und Materialpräsenz anhaftet, soll ihnen genommen werden, sie sollen befreit werden vom Ballast der bestimmenden Wertigkeiten. Gleichzeitig können sie aber auch dem Schmuckstück mehr Gewicht verleihen.

Der Weg wird holpriger, immer wieder verstellen Hindernisse den Fortgang und über manche Strecke verstellen Gestrüpp und Unterholz die Sicht. Doch dann tauchen sie wieder auf, die Steine, nicht nur die geschliffenen Edelsteine, sondern auch wenig bis gar nicht bearbeitete Steine, Rekonstruktionen oder Trouvaillen aus Altbeständen. Man sieht es den Schmuckstücken an und spürt deutlich, wie aufreibend und mühsam die Auseinandersetzung ist mit diesen in ihrer Naturschönheit so unnachahmlichen (Edel-)Steinen. Die Suche lohnt sich, es ist ein feines Gleichgewicht eingetreten zwischen den unterschiedlich starken Materialien und Formen. Tabubrüche waren notwendig, um den großen Berg an eingeübtem Umgang mit den Edelsteinen abzutragen. Nun stehen sie da, schwer und leicht zugleich, ihre Schönheit überwältigt nicht nur, sondern ist lesbar, ist Teil des Schmuckstücks und nicht Selbstzweck. Manchmal werden sie ironisch und frech eingesetzt, ein anderes Mal sind sie tief und ernst in ihrer Klarheit. Die Suche ist nicht abgeschlossen, das Gleichgewicht ist nicht dauerhaft und wird immer wieder aufgehoben, es gerät an einigen Stellen aus der Balance und kippt kopfüber in neue Fragen.

Der Spaziergang war bis jetzt nicht immer ganz unbeschwert und nun finden wir die neuesten Werke. Man sieht ihnen an, dass sie sich, werden sie getragen, mit ihrem Träger erst zurechtfinden und die Träger erhöhte Aufmerksamkeit an den Tag legen sollten im Umgang mit ihnen. Vieles ist uns begegnet auf dem Weg, jede Antwort auf eine Frage brachte neue hervor, keine Antwort ist eindeutig, immer gibt es offene Stellen und jede Erklärung ist immer nur eine von vielen Facetten. Das, so scheint es, macht auch die Qualität des Schmucks von Ute Eitzenhöfer aus, er stellt Fragen und gibt Antworten und fordert uns zu eigenen Fragen und eigenen Antworten.

Morgen machen wir uns wieder auf den Weg.

A WALK

Cornelie Holzach

Let's take a walk – through a spacious park that is somewhat reminiscent of both English landscaped gardens and industrial wastelands, a no man's land that so many pass by and overlook. In some places, however, there are lush flower borders and vistas across beautifully designed meadows and glades. Paths that are pleasant to walk on, narrow, almost invisible tracks, a rather rickety-looking wooden walkway criss-cross the park, whose protective outer borders are invisible yet must be there because this is a quiet park. It's a good place to walk in; the hum of the city is present as a uniform murmer that now and then increases in volume. We don't feel exposed and lonely but right in the world although surrounded by a protective space that calms us and at the same time makes us curious about what there is to see and appears increasingly eye-opening.

On our walk we encounter a few peculiar, rather incongruous objects, sometimes very much alone while others are in groups and radiate vigour and strength without ever being obtrusive. These are small things that speak with you and although you do not always know their language, you still think you understand it. Or are you hearing yourself when you communicate with them? Perhaps, on the other hand, they are polyglot objects that have melodies of their own and can also record their interlocutors'. They want to be understood – but not at any price. At the very start of our walk they stand there on their heads and ask without beating about the bush «What is weighing you down?"[1]. These are rings with shanks made of paper; the heads, always in gold, are reminiscent of gold bars. The bezel has, on the one hand, material value; on the other, it also symbolises society being penetrated by the market: gold is identical with money equals power. And placed upside-down, it is the weight that keeps the paper ring on the ground. Its material properties weigh on the lightness of being. There is a certain pervasive uneasiness at this clear reminder of the spuriousness of a materialistic value system that cannot be annulled, even by the finely wrought irony – that something as perishable as paper should carry gold,

[1] Page 7

the epitome of imperishability, like a precious stone. We store the question «What is weighing you down?« for further reference to keep asking ourselves while we walk on.
We catch sight of a whisper-light piece of jewellery that is barely visible and tickles like cobwebs in an Indian Summer. When worn, this neck jewellery made of individual strands of artificial hair[2] is virtually invisible but the wearer would probably sense it on her skin. So what is at stake here is not what can be seen and shown but investigating how awareness of the fragility and the whisper-light touches of this piece of jewellery affect our perceptions and attitude. Sensory perception, feeling our skin being tickled, is accompanied in the figurative sense by an effect on our mental state. A piece of jewellery that is almost not there has far-reaching effects on the woman who wears it: that is the bold thesis on which this work is premised. It can be substantiated: you move more carefully and attentively when you put on this piece of neck jewellery and those who do not even see it on the wearer definitely do perceive the change in her attitude. This is also the antithesis of widespread notions of jewellery: valuable materials such as gold and precious stones adorn by being visible at long range.
We leave the delicate cobwebby thing behind us and walk on into a wood that grows denser while revealing vistas of an arid plain. Again a piece of neck jewellery but virtually the opposite of what we looked at before. Matter is condensed into plugs of lead forged hard and strung on a cord[3]. This is a piece from a group inspired by an Ingeborg Bachmann poem – The Firstborn Land. At first sight simple, indeed harmless-looking, it is, however, profound and highly polysemic. Making pieces of jewellery to go with literary texts that have inspired them does not simply entail translating thoughts into objects. On the contrary, such pieces represent a sophisticated process of filtering individual emotions. What matters is resonating with the text rather than rational access to it. The maker's own thoughts, associations and feelings point the way to what later becomes a piece of jewellery. A plug of lead is used to make something secure, to seal it permanently and to demonstrate immutability. A lead seal stops a process and fixes a defined state in time. Things are entirely clear up to this point; what is not at all unambivalent, however, is a plug of lead on quite a soft cord – the fibres being crushed by the hard metal exert such a strain on the cord that a break is to be expected. We bask in seeming certainty that nothing will change, that the lead seal will hold the chain forever yet the process of decay has already set in. But jewellery is supposed to outlive us, to last for

[2] Page 9
[3] Page 10

eternity. So what does knowing that it will not do so really mean? The value question is raised once again; it will accompany us all the way. Does a piece of jewellery appreciate in value because I have to take pains to ensure that it doesn't fall to pieces or is that what makes it depreciate? There is no unequivocal answer here; we are in a situation that allows for both viewpoints. We will probably also have to change our views on this with time. What is uncontested is that we will have to delve into the question and this is probably the most idiosyncratic value a piece of jewellery could have.

The way goes on into the glaring sun; bleached pieces of wood without bark, flotsam and jetsam in grotesque forms[4] entice us to collect and look at it. Jewellery made of it, set with pearls and noble metals, again raises the question of value, both the individual value established in the objet trouvé and its history, which is important to me, and the universally measurable market value of the pearls. In addition, it goes without saying that the natural beauty is overwhelming. Here the task is not be so attracted by this beauty that it gets in the way of working with the object, working the material, and perhaps even prevents doing so. We will encounter a similar set of problems with precious stones but, before we do, we venture on to entirely artificial terrain. We turn off slightly to one side and view lush flowers in tidy borders. The "GrannyUnderstandMe" pendant[5] and brooches, representing hours and hours of elaborate embroidery executed with woollen yarn on sheet gold take aim at the intrinsic value of jewellery: what is more valuable, the time and skill expended on working or gold? What remains when the wool has decayed, just a sheet of metal with holes in it? However, the title – "GrannyUnderstandMe" – already points in another direction. How can I explain what makes up the significance of even the most valueless material? By rendering universally acknowledged value criteria in visible terms. The ornate embroidery would be viewed by any woman, especially women of older generations, as valuable: such a labour of love, so much time lavished on it, that is something in itself and, to top it all off, beautiful. Tiny traps are being set for us – before it was the natural beauty of flotsam and jetsam, now it's the magnificence of the delightful embroidery that captivates and outwits us. Appearances are deceptive, beauty's brittleness shows up once we subject it to closer scrutiny. Another essential dimension of these works is that, with the needlework, they also address role models traditional to generations of women and question them.

[4] Page 28
[5] Page 12

The path leads us away from flowers and still-lifes to oddly grotesque configurations, most of them quite small and somehow familiar in colour and form, but provided with resounding names that are utterly incomprehensible. Some of these titles are instructive on the origin of the materials used – Face-cream tube-thread brooches[6] or little shampoo brooches[7]. This idiosyncratic family is grounded in plastic detritus from the field of sanitation, toothpaste tubes, shower gel bottles or body-cream tube lids. The political and socio-political implications of this material and how it has been worked will be discussed elsewhere; here let us take a look round to discover the second life of tubes and jars. Unlike wood or metal, which take on a beauty of their own as they age, that is, a patina, plastic simply becomes old and ugly. Nothing remains but decay, which – and this must also be mentioned at this juncture – has a half-life that is too long. That is attested to by terrestrial mountains of refuse and vast islands of plastic floating in the oceans. With an infinite amount of time and patience, the plastic surfaces have been extensively worked over to create a furry or velvety texture that leaves contours slightly blurry. The snippets and segments of the actual utiltarian object chosen contribute further to defamiliarising it. Fasteners and mounts of gold or precious stones take the alteration to a higher level. When these works were done in 2002 and immediately published, they were bound to attract a great deal of attention. For all their complexity, they demonstrated succinctly and stringently how flawed and assailable conceptions of value can be. Simply by being noticed and worked with, an object made to be used and then doomed to destruction is taken out of its inevitable circulation. Its lifespan is lengthened, the process of decay arrested for a brief while. Something that is completely anonymous and mass-produced is given a distinctively individual look of its own. The anachronism between material value – which is zero – and the enormous amount of time lavished on the individual piece is what demonstrates to us how questionable our notions of value are. Viewed from the economic standpoint, it is pure madness to spend hour after hour working up a piece of rubbish, especially a material which we know will last scarcely a generation in good condition, so any piece made of it cannot be bequeathed to future generations. The added pearls or precious stones do not turn it into a classic piece of jewellery with eternity value. On the contrary, these only seemingly so durable articles demonstrate yet again the unsoundness of not questioning things that you assume can be taken for granted.

[6] Page 60
[7] Page 58

Let's take a short break on our walk and take a look at jewellery in general. Jewellery is still regarded as something that must be very long-lasting and as timeless as possible because it has to survive for generations, be handed down as a family heirloom. A wedding band is worn – in the best case – until its wearer dies. This idea, however, is not grounded in reality in the slightest. Instead, you might well ask whether good marketing strategies have exploited our desire for permanence. In fact, over the course of history, scarcely ten per cent of all jewellery has survived in its original form. Often, especially in periods of upheaval, the percentage is considerably lower. It is the very imperishability of the materials used for jewellery – gold can be recycled almost endlessly and precious stones do not decay – that makes it possible to keep changing jewellery or simply melt it down. The high price commanded by gold and silver over the past two years has considerably reduced the amount of jewellery surviving from the 1960s and 1970s. In the more distant past, losses were even heavier. Wars and times of need have always caused the value of jewellery and related objects made of noble metals and precious stones to be reduced to the current market value of the materials; neither the amount of time that went into making them nor their aesthetic distinctiveness could save them from destruction. The inventories of rich monasteries or noble houses, for instance, attest to huge losses of the most valuable works in gold, silver and jewellery. Quite often they were not even sacrificed to robbery and looting. Usually it were the owners themselves who must be held responsible for their loss. Imperishability and timelessness are, therefore, properties of the material from which jewellery is made rather than qualities inherent in the object made from it. (This is not the place to go into the fact that the importance pieces of jewellery have for their owners can make them immeasurably valuable.) Viewed from this angle, shampoo and tube brooches are the true pieces of jewellery. The material is not what is valuable; instead, idea, design, form and time determine their value. A pearl, a precious stone, together with a throwaway object, disorientate our well-honed way of looking at jewellery. For many people this is nothing less than a provocation. The soap dish with drainage ridges set with diamonds[8] is a witty play on this. On our way through a park that is becoming more colourful with every step we take, we begin to encounter more and more precious stones. They did not first surface when Ute Eitzenhöfer took up a professorship in 2005; they were there earlier, in places where conventional wisdom says they do not belong: in sponge cloths and plastic lids. They, that is, the precious

[8] Page 62

stones, would seem to be looking for new surroundings. They are to be relieved of the portentousness due to their significance and material presence; they are to be liberated from the ballast of value determinants. On the other hand, precious stones and pearls can lend more weight to a piece of jewellery.

Our path grows rougher, obstacles keep blocking our progress and brambles and undergrowth hide the track from sight in places. Yet they resurface, the stones do, not just cut and polished precious gems but also stones that have been worked very little or not at all, reconstructions or rescues from old stock. You are reminded of this just by looking at these pieces of jewellery and clearly sense how tiring and time-consuming handling these (precious) stones with all their inimitable natural beauty must be. The quest is rewarded; a delicate balance has been achieved between differently weighted materials and forms. To demolish the vast mountain of conventional treatment of precious stones, it has been necessary to infringe taboos. Now they are there, at once heavy and light. Their beauty is not just overpowering but is also legible, is part of the piece of jewellery, and not just an end in itself. Sometimes precious stones are used ironically and impertinently; at others they are profound and serious in their clarity. The quest is not finished; the balance thus achieved is not lasting and is indeed so precarious in places that it flips over into new issues.

Our walk has not been without difficulties and now we discover the most recent works. It is obvious that, should they be worn, they must first come to terms with their wearers and the wearers should be on the alert in dealing with them. We have encountered much along the way. Every answer to a question leads to new questions. No answer is unequivocal. There are always gaps and every explanation is only one of many facets. This, it would seem, is also what constitutes the quality of Ute Eitzenhöfer's jewellery. It poses questions and gives answers and challenges us to ask questions of our own and answer them on our own.

Tomorrow we will set out again.

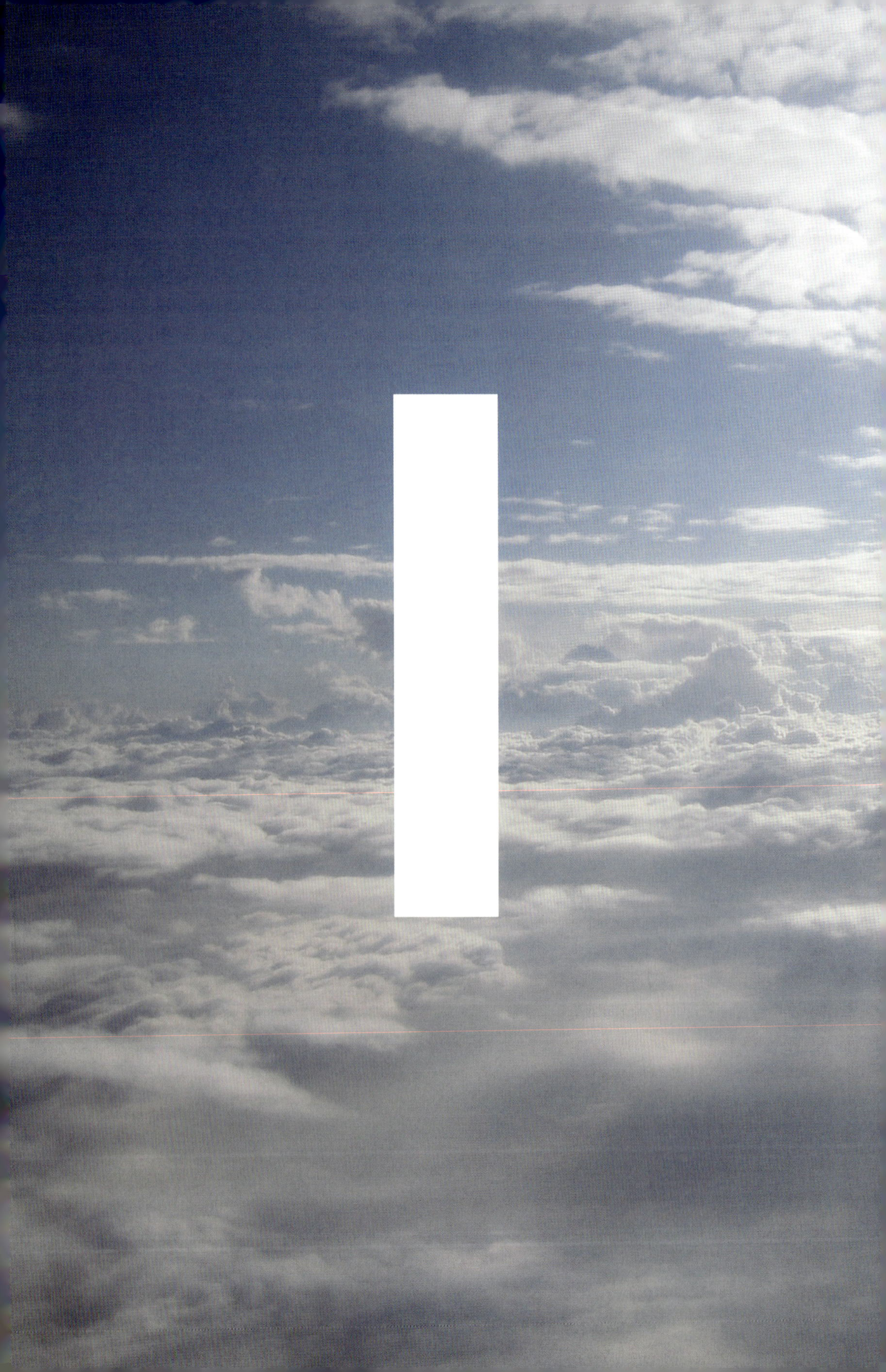

Hangzhou, China

AUFFORDERUNG ZUM SELBER-DENKEN

Wilhelm Lindemann

Ute Eitzenhöfer bekennt sich völlig uneitel und entschieden als Schmuckmacherin. Debatten, ob Schmuck Kunst sei oder nicht, lassen sie ziemlich unberührt. So umfasst ihr nach ihrer Pforzheimer Studienzeit in den Jahren 1996–2013 entstandenes Werk abgesehen von einigen Textarbeiten hauptsächlich Colliers und Broschen: Stücke, die am Körper getragen werden und die, mit allen typischen Funktionsmerkmalen von Schmuck versehen, auch im konstruktiv-handwerklichen Sinne perfekt gearbeitet sind. Sie schmiegen sich an den Körper an, man würde sie als »gut tragbar« bezeichnen.

Ute Eitzenhöfer macht einen auf den ersten Blick schmückenden Schmuck, den sie selbst in frühen Jahren etwas zurückhaltend als »Personenverzierung« apostrophierte. Es handelt sich dabei um eine Funktionszuweisung, die ihren Arbeiten die Aufgabe der Ornamentierung und Verschönerung ihrer Trägerinnen und Träger zuweist und die somit das Werk der traditionellen Klassifizierung folgend (vermeintlich) eindeutig im Bereich der Angewandten Kunst anzusiedeln scheint.

Doch bereits der erste Blick wirkt irritierend. Hinter der Fassade, die von Sehgewohnheiten und Erwartungshaltungen an Schmuck konstruiert ist, stellt sich ein anderer, das Auge und besonders den geistigen Apparat des Betrachters verunsichernder, ja beunruhigender Effekt ein. Ganz schnell wird klar: hier geht es keineswegs um eine Harmonie, die im Sinne einer klassizistischen, sich an antiken Vorstellungen orientierender Ästhetik mit einem geglätteten Konzept des Schönen der personalen Aufhübschung dienen könnte. Der schöne Schein trügt, er ist gestört. Schon während des Vorgangs seiner sinnlichen Wahrnehmung beginnt er sich aufzulösen, um sich im Prozess der Rezeption und Reflexion als völlig obsolet zu erweisen. Bei näherer Betrachtung nimmt das irritierende Gefühl der gestörten Schönheit Konturen an. Sichtbar wird ein umfassendes künstlerisches Konzept, das neben einer Reihe prinzipieller ästhetisch-philosophischer, ja sogar politischer Reflexionsebenen ein reiches Repertoire an künstlerischen Gestaltungsstrategien aufweist. Das Werk Ute Eitzenhöfers zeigt sich dabei einerseits als Projekt und Verfahren der Welterkundung und -analyse mit dem Blick und dem methodischen Untersuchungsapparat der Kunst der Moderne. Allerdings bezieht sie andererseits auch eindeutig Position im ethisch-politischen Sinne. Auch wenn ihre Arbeit seit Aufnahme ihrer Lehrtätigkeit an der Hochschule für Edelstein und Schmuck in Idar-Oberstein wichtige Impulse durch den in dieser Stadt allgegenwärtigen »Werkstoff« Edelstein erfahren hat, so ist sie sich in den Grundlinien im Wesentlichen treu geblieben. Ich sehe dabei zwei wesentliche, ihren Stil prägende Konstanten:

1. Ute Eitzenhöfers Arbeit ist Reflexion über Schmuck und das Schmücken. Im Sinne Manfred Nisslmüllers Diktum »Alles schmückt, was am Körper getragen werden kann.« bekennt sie sich zum Schmücken, um allerdings den Begriff des Schmucks vor allem im ästhetisch-ethischen Sinne weiter auszuformulieren: Sie versteht Schmuck als »Zeichen am Körper« und somit auch als Aussage, zu der sich nicht nur die Künstlerin, sondern auch der/die Träger/-in des Schmucks bewusst entscheidet. In diesem Sinne ist Ute Eitzenhöfers Schmuck nicht nur Bekenntnis der Künstlerin zur inhaltlichen Botschaft. Er erfordert – und soll dieses auch – ein solches Bekenntnis von der Person, die ihn trägt. Dabei lässt Eitzenhöfer, auch wenn ihr Werk keineswegs plakativ ist und eher als Dokument eines künstlerischen Rechercheprozesses bezeichnet werden kann, bezüglich ihrer Botschaften kaum etwas im Ungewissen. Schmuck ist für sie Ausdruck und Bekenntnis einer inneren, geistigen Verfasstheit. Dabei rekurriert sie auf ein ethisch-ästhetisches Verständnis von Schmuck, das von den Auffassungen der Antike, in der der Begriff »Kosmos« zugleich geistige Ordnung der Welt wie den Schmuck meinte und damit zugleich das Schöne als eine Kategorie des Guten verstand, bis zu den ethischen Begriffsklärungen zum Schmuck, die der Frankfurter Philosoph Martin Seel anlässlich des Idar-Obersteiner Kolloquiums SchmuckDenken 7 im Mai 2011 vortrug, reicht. Seel trug, sich auf die Aristotelische Ethik, aber auch auf Wittgenstein beziehend, vor:

> Der »Schmuck der Schönheit«, ..., hat immer eine soziale Dimension. In welchem Maß und welcher Form dieser Schmuck einem Menschen auch zukommen mag, es hängt immer davon ab, wie er oder sie als Person vor anderen erscheint. »Ein ›innerer Vorgang‹ bedarf äußerer Kriterien«, bemerkt Wittgenstein in § 580 seiner Philosophischen Untersuchungen. Dies gilt nicht allein für einzelne seelische Zustände, sondern auch für die Fähigkeiten einschließlich

> der Empfindlichkeiten und Empfänglichkeiten, die den Charakter eines Menschen ausmachen. Diese sind kein verborgener innerer Besitz, sondern zeigen sich im Tun und Lassen der betreffenden Personen. Auch Art und Grad der Schönheit von Menschen bilden, wenn die vorausgehenden Betrachtungen einleuchtend waren, einen nicht unerheblichen Teil ihrer Identität, den sie, wie viele andere Aspekte personalen Selbstseins, nur im Austausch mit anderen sei es gewinnen, sei es erhalten, sei es verändern können. Das bedeutet zugleich, dass der Charakter eines Menschen diesem nicht ein für alle Mal gegeben ist. So sehr er durch Herkunft, Erziehung sowie durch die Erfahrung von Glück und Leid geformt werden kann – man kann und muss ihn auch durch eigene Bemühung formen. Schließlich sind Tugenden und Laster menschliche Vorzüge oder Nachteile, für die man wenigstens teilweise etwas kann – wie es gerade auch für die ästhetischen Tugenden und Laster eines Menschen gilt.

Auch wenn viele ihrer Arbeiten sicher auch im Sinne allgemein verbreiteter Auffassungen als Zierrat am menschlichen Körper gesehen werden können, vertritt Ute Eitzenhöfer eher einen Schönheitsbegriff, der nach klassischer Lehrmeinung im Geistigen wurzelt und Ausdruck einer »schönen Seele«, einer von ethisch-moralischen Grundätzen geprägten Haltung ist.

2. Ute Eitzenhöfers Werk hat nach meinem Dafürhalten ein großes, alle stilistischen Wandlungen durchdringendes Thema: Es geht ihr zum einen um die Welt der Dinge, insbesondere die der menschlichen Artefakte, zum anderen um das Verhältnis der Menschen zur Natur. Sie interessieren allerdings nicht nur die Dinge an sich in ihrem materiellen Sein, sondern die Beziehungen des Menschen zu seinen Dingen, die Bedeutungen, die die Dinge im Leben der Menschen einnehmen sowie ihr Umgang mit ihnen. Damit geht es letztlich auch um die Beziehungen der Menschen zueinander, auch um kulturelle, gesellschaftliche Verhältnisse und Zukunftsfragen im politischen Sinne. Auch wenn im Fokus ihrer Arbeit Materialien wie Kunststoff oder Holz stehen, ist ihr künstlerischer Ausgangspunkt das Produkt oder Halb-Produkt als ein vom Menschen hergestelltes Material. Wenn in ihrem späteren Werk Naturprodukte wie Edelsteine gezeigt werden, so geschieht dies doch in ihrer Relation zum vom Menschen produzierten Stoff.

Themen ihrer künstlerischen Untersuchungsarbeit sind dabei einerseits die ästhetischen Eigenschaften dieser Gegenstände, andererseits aber auch der Umgang der Menschen mit ihnen innerhalb des Prozesses der Produktion und der Konsumtion bzw. ihres Verbrauchs. Methodisch befragt sie ihre Untersuchungsobjekte eher systematisch im Sinne eines archäologischen Vorgehens: sie trägt dabei an ihren Fundstücken den Firnis der Bedeutungsebenen Schicht um Schicht ab, um zum materialen Wesen der Dinge vorzudringen.

Nach einer ersten, bis etwa zur Jahrtausendwende anhaltenden Schaffensphase, in der sie unter anderem Fundstücke wie Treibholz[1], Schnur oder bedrucktes Papier zum Ausgangspunkt ihrer künstlerischen Arbeit nimmt, zentriert sie ihren analytischen Blick zunächst nicht primär auf den technischen Prozess der handwerklich-industriellen Herstellung. Im Sinne von Jean Baudrillard (Das System der Dinge. Über unser Verhältnis zu den alltäglichen Gegenständen, Frankfurt 1991) wendet sie sich der Welt der uns umgebenden Artefakte aus der Welt des Alltags und des Konsums zu. In ihrer ersten Schaffensphase handelte es sich bei diesen Dingen des Alltags zumeist um Fundstücke aus der Welt der vom Menschen verbrauchten und aus der Konsumtion ausgeschiedenen Gegenstände, insbesondere um Verschlussteile von und Flaschen aus Plastik aus der Kosmetiksparte, aber auch bedrucktes Papier oder Holz. In einem ersten analytischen Arbeitsprozess macht sich Ute Eitzenhöfer an das umfassende Projekt der »Denotation« ihrer Fundstücke. Dabei ist es ihr Anliegen, ihr Fundstück (wie z. B. eine Zahnpastatube oder eine Shampooflasche) von allen Bedeutung tragenden Konnotationen zu »befreien«, um zum Material selbst, zu seinem stofflichen Gehalt vorzudringen. Durch diesen Prozess der Denotation legt sie zugleich die Beziehungen zwischen den Menschen und den Dingen frei. Hierzu Baudrillard (a. a. O., S. 245):

> Diese Verwandlung des Objekts in einen systematischen Status des Zeichens hat eine gleichzeitige Modifikation der menschlichen Beziehung zur Folge und auch des Verbrauchs; das heißt, dieses Verhältnis der Konsumption (in ihrem doppelten Wortsinn als ›verbraucht‹ und ›vollbracht‹) geht mit und durch die Gegenstände in Erfüllung. Damit wird der Verbrauch zur obligaten Mediation und wenig später zu einem Vorwand, zu einem Alibi.
>
> Was also konsumiert wird, ist niemals der Gegenstand, sondern die Relation selbst, die angedeutete und abwesende, die inbegriffene und stillschweigend vorausgesetzte Relation, die Idee der Beziehung, die in der Aufeinanderfolge der Gegenstände sich aufzehrt. Die Beziehung wird nicht als erlebt empfunden: Sie verwandelt sich und geht in einem Objektzeichen unter.
>
> Der ›Relation-Objekt‹-Status wird von der Produktionsordnung auf allen Niveaus überwacht. Die Werbung ist ständig darauf bedacht, dass die lebendi-

[1] Seite 28

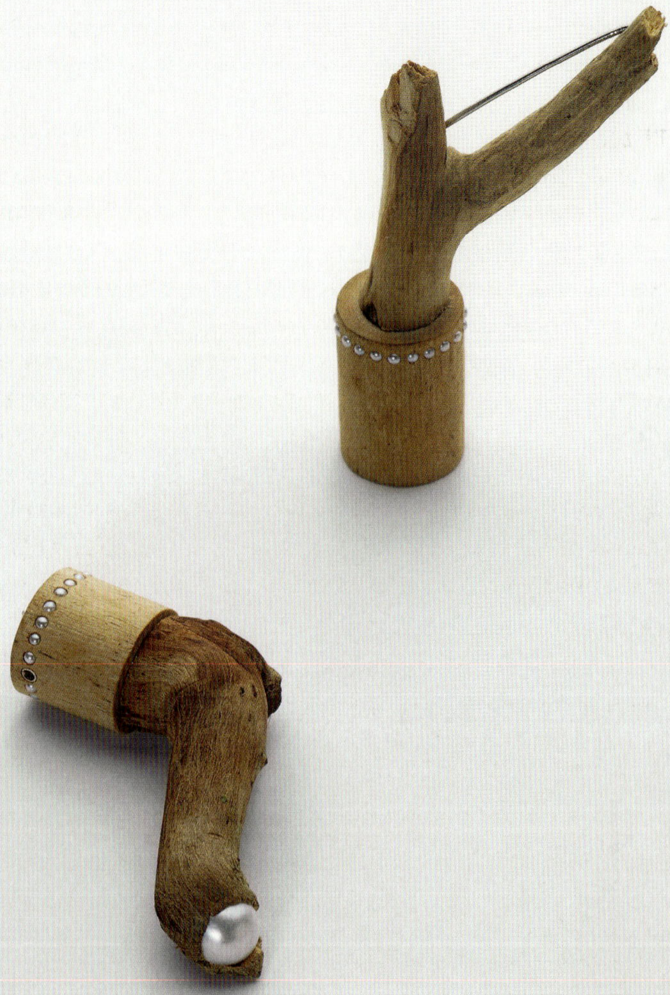

gen und widersprüchlichen Beziehungen die ›rationelle‹ Produktionsordnung nicht stören, dass auch diese ›verbraucht und vollbracht‹ werden wie alles Übrige. Um Eingang in die Produktionsordnung zu finden, haben sie sich auch zu ›verpersönlichen‹. Im Endeffekt läuft dies auf die Logik der Ware hinaus, die Marx analysiert hat: Wie die Bedürfnisse, Gefühle, die Kultur, das Wissen und überhaupt alle Kräfte des Menschen als Ware in die Produktionsordnung eingehen und, um verkauft zu werden, als Produktivkräfte sich materialisieren, genauso werden heute alle Wünsche, Entwürfe, Ansprüche, Forderungen, alle Leidenschaften und Beziehungen zu Zeichen und Objekten abstrahiert oder materialisiert, um gekauft und konsumiert zu werden.

Ute Eitzenhöfer geht es dabei darum, die »verbrauchten«, zum Abfall gewordenen Gegenstände jenseits ihres Warencharakters auch im Hinblick auf den Charakter und die Bedeutung tragenden Inhalte ihres »Zeichensystems« zu untersuchen. Dabei muss sie zunächst das fetischistische Versprechen auf ewige Jugend und unvergängliche Schönheit bei der Nutzung einer bestimmten Salbe, eines paradiesisch-wohligen Zustands absoluter Entspannung in karibischen Nächten bei der Farbe der Flasche eines bestimmten Badesalzes, die Verheißung andauernder Sauberkeit, Sterilität und Frische verheißenden Duschgels und die damit einhergehenden Glücks-Imperative aus der Werbung hinter sich lassen. (Hierzu vgl. Wolfgang Ullrich, Haben wollen. Wie funktioniert die Konsumkultur, Frankfurt/Main 2006, besonders S. 65–118). Wolfgang Ullrich spricht (S. 93) in diesem Zusammenhang von einer »kopernikanischen Wende« in den Vermarktungsstrategien der Kosmetikindustrie, in der diese Produkte vom allwirksamen Fetisch zur »gouvernantenhaften« (Wolfgang Ullrich) Erziehungsinstanz werden, die den Konsumenten zu neuem Verhalten führen:

Mittlerweile sind viele Produkte solche ›Bedeutungsdinge‹ und beeinflussen weit mehr als nur die Köperwahrnehmung. Gerade Kosmetika erlösen ihre Nutzer mit Virginitäts-Verheißungen von der Sorge, zu beschränkt zu sein und sie verleihen ihnen das Gefühl, die eigene Persönlichkeit jederzeit neu definieren zu können. Wie jung solche Versprechungen sind, wird deutlich, sobald man die Aussagen heutiger Kosmetik-Werbung mit denen vergleicht, die (noch vor kurzem, W.L.) … üblich waren. Ging es damals darum, dank einer Creme oder eines Deos anderen besser zu gefallen und peinliche Situationen zu vermeiden, steht mittlerweile die Selbstsorge der Konsumenten im Zentrum. Statt die positive Wirkung eines Produkts auf andere anzupreisen, wird lieber davon gesprochen, was man sich selbst damit Gutes tut. Der Erfolg von Claims wie ›Weil ich es mir wert bin‹ (L'Oréal) oder ›So fühl' ich mich wohl in meiner Haut‹ (Nivea)

> ist symptomatisch für diese kopernikanische Wende – nicht nur – der Kosmetikindustrie.

Ute Eitzenhöfer will mit ihrem analytischen Arbeitsansatz, der die Strukturen des Warenfetischismus und der Warenästhetik offen legt, vor allem auch der Entfremdung, Verdinglichung und Atomisierung von sozialen Beziehungen entgegenwirken. Zugleich geht sie damit im Sinne Harald Welzers einen Konsumismus kritisch an, dem es nicht um die Befriedigung von Bedürfnissen geht:

> Als Kunde von Lifestyle-Anbietern sind Sie längst Teil der Benutzeroberfläche von Unternehmensstrategien geworden, die Sie als ihr eigentliches Produkt erfunden haben: als unablässiger Neu-Bedürfnis-Haber, dem man in immer kürzeren Zeitabständen immer mehr Neues andreht. (Welzer, Selbst denken. Eine Anleitung zum Widerstand, Frankfurt/Main 2013, S. 28)

Im Blick hat sie den die eigenen natürlichen Lebensgrundlagen verzehrenden Konsumenten, der – »frei« von allen sinnstiftenden religiösen oder ethischen Traditionen – Sinnstiftung und personale Identität im Konsum bestimmter angesagter Produkte sucht.

Ziel ist, zur Ebene des materiellen Seins der Dinge aus Plastik vorzustoßen. Mit der Beschränkung auf die analytische Betrachtung nur eines Teils des Fundstücks (etwa einem Flaschenverschluss) wird der Gegenstand zugleich von seiner Funktion frei gestellt: Der Verschluss verschließt nichts mehr, ist nicht mehr Teil einer Flasche und deren Funktion als Behältnis. Neben dem zu konsumierenden Inhalt, den Glücksversprechen des Etiketts entschwinden auch die Bedeutung tragenden Elemente des formalen Designs des Objekts aus dem Blick. Es wird zum Objekt an sich, das allerdings noch deutlich die Zeichen der industriellen Produktion trägt, die Baudrillard als Techneme (a.a.O., S. 13) einführt. In vielen ihrer frühen Arbeiten – beispielsweise in der Verwendung von Produktteilen wie Plastikverschlüssen, aber auch in den jüngsten Arbeiten in der Verwendung von industriell hergestellten Schmuckelementen wie Ketten – beginnt an dieser Stelle der nächste und zugleich erste künstlerische Arbeitsschritt, der Gestaltung und Veränderung.

Ute Eitzenhöfer nimmt industriell erzeugte Verschlüsse von Kosmetikverpackungen, die primär ökonomische, Kosten minimierende Produktionsverfahren spiegeln und insofern Widerschein technisch-ökonomischer Rationalität sind, auf und macht sie zum Gegenstand ihrer Erkundung. Sie transformiert diese Gegenstände aus der Warenproduktion des industriell-kapitalistischen Zeitalters durch aufwändigste handwerkliche Verfahren in dekorative Schmuckstücke mit einer Oberflächenästhetik des vorindustriellen Produktionszeitalters. Industrielle Produkte mit einem Material- und Produktwert im Cent-Bereich werden so durch feinste Gravierungen, durch den Wert der Handarbeit geadelt[2]. Die sehr zeitaufwändigen Gravuren mit dem Stichel stehen in der handwerklichen Tradition der Edelsteinfasser, die die Technik des Verschnittfassens für mit Brillianten ausgefasste Stücke verwenden. Dieses Setzen von Ornamenten hat also keineswegs den Charakter eines historizistischen Zitats im postmodernen Sinne. Ihr geht es um Fragen des Gehalts und des Werts.

Ute Eitzenhöfers künstlerisches Konzept befreit die von ihr bearbeiteten Objekte aus der Welt der Warenästhetik und des Warenkonsums und transformiert sie zu Kunstwerken. Sie verfolgt auf der ästhetischen Ebene eine doppelte Strategie, indem sie ihre Fundstücke einerseits aus ihrem ursprünglichen Funktionskontext heraus präpariert und ihnen die neue Funktion als Schmuck zuweist, andererseits ihre industriell geglätteten Oberflächen mit handwerklichen Methoden ornamental überarbeitet. Ihr mit enormem Zeitaufwand bei der Ornamentierung betriebenes Anliegen ist nicht das einer eher konservativen Kritik aus dem Blickwinkel vorindustrieller Manufaktur. Neben einer Kritik der Warenästhetik unterzieht sie – das ist für sie ein zentrales Thema – inhaltlich den Umgang mit den Ausgangsmaterialien aus der Alltagswelt der Kritik. Sie reflektiert – exemplarisch für den gesamten Konsumgütersektor – den Wert und den Wertzuweisungsprozess, den insbesondere die Ausgangsmaterialien der Verpackungen aus der Kosmetikindustrie erfahren, die in ihrer Bewertung durch den Menschen zunächst einen Wertzuwachs vom günstigen Rohstoff zum Glücksbotschaften verheißenden Teil eines Luxusprodukts erleben, dem der grandiose Absturz in die Sphäre des scheinbar wertlosen Mülls folgt. Es geht der Künstlerin um eine schranken- und gedankenlose Konsumhaltung, die jenseits der Erfüllung vitaler biologischer, sozialer wie kultureller Bedürfnisse die Unkultur des Verbrauchs vorantreibt: des Verbrauchs an Rohstoffen, an Landschaft, an Welt, aber auch an menschlicher Arbeit und an Lebensoptionen. Bei der Verwendung von Alltagsmaterialien wie Plastik beschränkt sich die Künstlerin allerdings nicht auf die inhaltliche Kritik der Wertzuweisung und Wertvernichtung in der Konsumgüterindustrie: Durch die Transformierung von Plastik zu Kunst speziell zu Schmuck nimmt sie eine grundsätzliche Neubewertung dieser Materialien vor und propagiert insofern auch zugleich einen nachhaltigen, wertschätzenden Umgang. Ute Eitzenhöfer formuliert in ihrem Schmuck ihre ethisch begründete

[2] Beispielseiten 54–61

ökologische Lebenshaltung. Ihr Anliegen trägt sie dabei niemals vordergründig oder in propagandistisch-belehrender Haltung vor: sie formuliert künstlerische Botschaften und deren Deutung dem Auge des Betrachters. Allerdings erkenne ich seit der Aufnahme der Lehrtätigkeit in Idar-Oberstein eine zunehmende Radikalisierung ihrer künstlerischen Position. Die Zuspitzung in der inhaltlichen Aussage zeigt sich in Arbeiten wie der zur Brosche transformierten Kreditkarte[3], mit der sie über Geldgier und Bankenkrise reflektiert. Noch mehr zeigt sie sich allerdings in ihrem in wachsendem Maße radikalen Umgang mit dem Material Edelstein. Ute Eitzenhöfer hat auch in früheren Schaffensperioden immer wieder eine ausgesprochene Faszination gegenüber dem Edelstein offenbart. Auch wenn nicht in jeder ihrer Arbeiten sichtbar, haben Edelsteine in ihrem Werk einen herausragenden Stellenwert. Allerdings (ver)führte sie diese Faszination keineswegs zum »Juwelenschmuck«. Entsprechend ihrer sehr grundlegenden Forderung eines nachhaltigen Umgangs mit der Natur lehnt sie die Verwendung von Edelsteinen als Symbole des Luxus, der Verschwendung und letztlich auch des willkürlichen Verbrauchs von Natur ab. Gerade wegen der außerordentlichen symbolischen Kraft der Edelsteine (auch metallischer edler Materialien wie Gold) bekennt sie sich zu einem ganz dezidierten Umgang mit ihnen. Sie verwendet sie meistens eher sparsam, aber sehr pointiert wie einen kostbaren Fund aus dem Schatzfundus der Natur, der – gleichsam geborgt – seinen Weg in die Welt der Artefakte und der künstlichen Werkstoffe genommen hat, um am Ende der menschlichen Zeit wieder in den Schoß der Natur zurück zu kehren.

Der Prozess der Radikalisierung im Werk von Ute Eitzenhöfer in den letzten Jahren stellt sich immer stärker als inhaltlich-thematische Zuspitzung und konfrontative Zusammenführung von Antagonismen dar. In zunehmendem Maße erscheinen naturbelassene, ungeschliffene Edelsteine, aber auch Minerale wie geschliffene und polierte Achate in ihrem Werk. Sie stehen materiell, aber auch als Zeugnisse einer natürlichen Natur (natura naturans), die sich selbst genug ist, sich selbst hervorbringt und zeigt und dabei keineswegs der künstlerischen Ausformulierung zur schönen Kostbarkeit als ›natura naturata‹ bedarf. (Was nicht heißt, dass die Künstlerin diesen Weg der Bearbeitung prinzipiell ablehnt.) Die Edelsteine stehen in diesen jüngsten Arbeiten Eitzenhöfers durchaus symbolisch für die ganze Natur, also auch für den vegetabilen Bereich der Pflanzen und Tiere. Als solche stehen sie im Werk der Künstlerin symbolisch auch für Ursprünglichkeit und Echtheit, ja sogar Wahrheit in einem existenziellen Sinne,

[3] Seite 106

indem sie im Kosmos flackernder Zeichenhaftigkeit ausschließlich sich selbst repräsentieren und so sich selbst treu sind. Edelsteine repräsentieren Beständigkeit und die unvergängliche Seite der Natur. Auch wenn sie in ihrer Genese sowie mit ihren geophysikalischen und chemischen Eigenschaften Zeugnis geben von mit titanischen Kräften ablaufenden Prozessen, sind sie für die Menschen Zeichen der Ewigkeit der Natur geworden. Sie stehen damit – materiell und seinsmäßig – in antagonistischer Weise zur Sphäre des Konsums mit ihren artifiziellen Werkstoffen und menschlichen Artefakten. Weder nehmen Edelsteine teil an der menschlichen Ökonomie, ihren Produktionsverhältnissen und -abläufen, noch sind sie als Waren zum Verbrauch und zur Aussonderung bestimmte Materialien oder Produkte. Allerdings werden sie – real und auf symbolischer Ebene – vielfach vom Menschen bedrängt, ausgebeutet und in den Prozess der Konsumtion eingespeist. Auch wenn sie in materieller Hinsicht fast unvergänglich sind und am Prozess des Zerfalls und des Verschwindens künstlicher Materialien nicht teilnehmen, weiterhin als Zeugnisse für weit in der Zukunft lebende Betrachter zurück bleiben, so wird ihnen auf der Symbolebene doch zugesetzt und sie werden zu Partikeln der Warenästhetik degeneriert.
Ute Eitzenhöfer arbeitet in vielen ihrer Schmuckarbeiten mit dieser so beschriebenen Symbolkraft der Edelsteine. Dabei setzt sie Edelsteine ganz bewusst auch als ewige Zeugen und in die Zukunft tragende Botschafter ihres Schmucks in ihre aus vergänglichen Materialien gefertigten Schmuckobjekte ein, die jenseits menschlicher Lebenszeit noch dem Prozess des Zerfalls und der natürlichen Sukzession trotzen. Sie sind somit letzte Zeugen auch des im Laufe der Jahrhunderte vergehenden Schmucks der Künstlerin, die den Weg zurück in die Natur nehmen und so den Kreislauf des Werdens und Vergehens auch des künstlerischen Werks bezeugen.
Zumeist werden sie durch »unedle« Materialien wie Latex oder Kunststoff gefasst, ja förmlich gebändigt und in die Position eines Schmucksteins beispielsweise in einem Halsschmuck gezwungen. In einem Halsschmuck aus dem Jahr 2012 fesselt die Künstlerin geschliffene und polierte Achatscheiben durch sich in der Form des Andreaskreuzes überschneidende leuchtend farbige Plastikbänder[4]. Das zentrale Element ihres Halsschmucks befestigt sie – genauso symbolträchtig – an einer Kette aus großen Perlen – jenem schon »klassisch« gewordenen Accessoire wohlsituierter Fraulichkeit, das zu jedem Anlass – vom Damenkränzchen bis zum Operettenbesuch – der passende Schmuck war. In dieser Arbeit erscheint die Natur symbolisch als durch Menschenwerk an das Andreas-Kreuz geschlagen:

[4] Seite 161–163

einerseits als – der mittelalterlichen Symbolik folgend – »schöne Leich'«, andererseits aber auch als ewige Natur, deren Kreuz gemäß der christlichen Ikonographie nicht nur als Symbol des Todes, sondern auch als Zeichen der Auferstehung und des ewigen Lebens steht. In der pessimistischsten Deutungsvariante wäre das für Ewigkeit stehende Natursymbol Edelstein einfach ausgeixt, überformt oder zumindest stark beschädigt und damit seiner ursprünglichen Symbolkraft beraubt. In dieser inhaltlichen Zuspitzung werden die gefesselten Achate zum Menetekel der vom Menschen bedrohten Natur, zu Denkmälern, vielleicht auch zu vorzeitig aufgestellten Grabsteinen für eine von der Zerstörung bedrohte Natur.
In einem weiteren Collier hält eine Kette aus Tigerauge mit industriell zu Blütenkelchen geschliffenen Elementen, wiederum als Zentralelement eine Achatscheibe, die ihrerseits in der Mitte ein mit der Kette korrespondierendes Tigerauge in der Form eines Querriegels trägt[5]. Die industriell gefertigte, zwar handwerklich durch Gravuren veredelte, doch nach gängigem ästhetischem Empfinden etwas geschmacklose, geradezu kitschige Kette wird durch Ute Eitzenhöfers konfrontative Montage zum Teil eines Kunstobjekts transformiert, indem sie vor allem durch die wuchtige, technoide Gestaltung ihres Verschlusses und der beiden Befestigungselemente aus Metall in eine schon optisch bedrohlich erscheinende Beziehung zum Mittelstück tritt. Der Kontext der geknechteten und zerstörten Natur tritt damit in ein besonders krasses ästhetisches Spannungsverhältnis ein, in dem das zentrale Natursymbol gleich als mehrfach bedrängt erscheint: es wird durch die in Relation zu ihrer Haltefunktion völlig überdimensionierten Metallverschraubungen und gleichzeitig metaphorisch wie real an die industriell gefertigte Kette gelegt. Der ästhetische Eklat wird durch die Assemblage so antagonistischer Elemente wie den organisch wirkenden Naturmaterialien des Mittelstücks mit der durch technisch-industrielle Design- und Bearbeitungsverfahren degenerierten Tigeraugenkette (»Ich war mal ein Naturprodukt!«) und den im Material und in der ästhetischen Aussage kontrastierenden Verschraubungen zum Skandal. Ute Eitzenhöfer pflegt in diesen Arbeiten eine für Schmuckverhältnisse eher drastische Metaphorik.
Nur am Rande sei eine weitere wichtige Deutungsebene erwähnt: der archaischen und antiken Mythologie folgend, symbolisiert das Material »Edelstein« als Produkt der Natur das Weibliche, Leben hervorbringende Prinzip, während die den Händen der (weiblichen) antiken Techne entwundene Technik des Industriezeitalters in der heutigen Vorstellungswelt zum

[5] Seite 164

Herrschaftsbereich der Männer gehört. Die Darstellung der bedrängten Natur wird im Werk Eitzenhöfer damit auch zur Kritik patriarchaler Herrschaft.

Ute Eitzenhöfer positioniert sich damit zugleich mit ihren Arbeiten in der Welt des Schmucks. Mit ihrer gegenüber jeder Form des Konsumismus kritischen Position erteilt sie gleichzeitig allen materiellen und ideellen Zuordnungen von Schmuck zur Welt des Überflusses, der Verschwendung von Ressourcen und des Luxus eine Absage. Nicht, dass sie sich gegen die Verwendung von edlen Metallen oder Steinen prinzipiell ausspricht. Im Gegenteil. Im inhaltlich-künstlerisch begründeten Falle zögert sie, wie oben beschrieben, keineswegs mit der Verwendung edler Materialien und setzt sie in ihrem Werk als wichtige Bedeutung tragende Elemente in herausragender Weise ein. Allerdings kritisiert sie nicht nur den überbordenden materiellen Verbrauch von Edelsteinen, wie er im Luxussegment des Juwelierschmucks gang und gäbe ist, nicht nur aus künstlerisch-ästhetischen Gründen, sondern auch als Auswuchs inhaltsleerer Verschwendungssucht. In ihrem Werk setzt sie sich zudem vielfältig mit dem Luxus verheißenden Zeichensystem industrieller Produkte auch der Schmuckindustrie kritisch auseinander, indem sie in ihrem Werk dekontextualisiert und überarbeitet. Für sie ist auch die Spezies eines Mode- und Juweliersschmucks, der auf bloßem Wiederholen tradierter Formen beruht, ausschließlich die ästhetische Sprache des Luxus spricht und dessen inhaltsleere Versprechen propagiert, äußerst fragwürdig. Sie spricht sich damit nicht nur für einen nachhaltigen Umgang mit den natürlichen Ressourcen der Menschheit im Sinne einer verantwortungsvollen, das gute Leben nachgeborener Generationen bedenkende Nutzung aus. Sie plädiert im speziellen auch für einen Schmuck, der sich konsumistischem Verbrauch entzieht: Ute Eitzenhöfer macht einen Schmuck, der die tradierten Erwartungen an Schmuck als »schöner Zierrat« bricht. Er konfrontiert mit inhaltlichen Positionen, die kaum für mehr oder weniger elaborierten Smalltalk Raum geben dürften. Schmuck, der nicht einfach an- oder abgelegt werden kann, da er von der Trägerin/vom Träger jeweils eine dezidierte Entscheidung verlangt, ein Bekenntnis zu nicht zuletzt auch den inhaltlichen Positionen der Künstlerin.

Ute Eitzenhöfer stellt sich somit konsequent der Frage nach der Vereinbarkeit von Schmuck mit einem Kunstbegriff im zeitgenössischen Sinne, mit einer Kunst, die sich nicht mehr dem Kult des Schönen verschrieben hat, sondern die beunruhigt und verstört, indem sie Schönheit als Kategorie des Guten, als Funktion einer inneren, ethischen Haltung versteht. Mit ihren Arbeiten betritt sie künstlerisch – aber auch auf hohem intellektuellem Niveau – Pfade, die die Betrachter, vor allem aber die Träger(innen) ihres Schmucks hinter die leuchtenden Fassaden einer nur vermeintlich schönen Welt der Sachen und ihrer Besitzer führen. Sie macht einen Schmuck, der sehr deutlich als ein am Körper zu tragendes Zeichen wirken möchte, ohne die Funktion eines plakativen Meinungs-Buttons zu übernehmen. Mit ihren Arbeiten ist sie nicht in der Welt der Marken-Labels oder der Brachial-Politik zuhause. Ihr Schmuck ist eher eine Aufforderung zum Selber-Denken. Dabei lotet sie einerseits mutig die Grenzen zwischen Kunst und Schmuck aus, andererseits stößt sie in ihrem Erkundungsprojekt jeweils weit in die getrennten Sphären beider Disziplinen vor.

A SUMMON TO THINK FOR YOURSELF

Wilhelm Lindemann

Entirely without vanity and definitively, Ute Eitzenhöfer confesses to being a jewellery-maker. She is quite indifferent to debates about whether jewellery is art or not. So the work she has produced between 1996 and 2013 since her Pforzheim student days consists, apart from some texts, primarily of chokers and brooches: pieces to be worn on the body, which, replete with all the functional features typical of jewellery, are also consummately worked in the constructive sense of fine craftsmanship. They fit snugly on the body and would be called »highly wearable«.

At first sight, Ute Eitzenhöfer seems to be making jewellery that adorns, something she herself in the past has rather reticently styled »personal embellishment«. This is a functional classification, which assigns to her works the task of decorating and beautifying the women and men who wear them and, therefore, seems to position this work following the traditional classification criteria (putatively) unequivocally in the field of the applied arts.

Yet even a first glance has an irritating effect. Behind the façade constructed of visual habits and expectations on jewellery, another effect that is upsetting, indeed disturbing, to the viewer's eye and even more so to his mind, soon becomes clear: here there is no question of harmony, an aesthetic aligned with neo-Classical notions that might come up with a concept of beauty with all the sharp edges rubbed off as beautification of one's person. Appearances of beauty are deceptive; they have been distorted. While being sensorily perceived, they have already begun to disintegrate, only to prove completely obsolete in the process of being responded to and reflected on. When this work is subjected to closer scrutiny, a disconcerting feeling that beauty is being disturbed takes shape. What shows up is a comprehensive artistic concept that reveals a rich repertory of aesthetic design strategies alongside a number of major aesthetic and philosophical, in fact, political, levels of reflection. Ute Eitzenhöfer's work is revealed, on the one hand, as a project and process for exploring the world and analysing it with the schooled eye and the methodological mechanisms for searching examination available to Modernist art. However, she also takes up an unequivocal stance in the ethical and political sense. Although her works show, since she has taken up her professorship at the University of Applied Sciences, Department of Gemstones and Jewellery in Idar-Oberstein, she has been receptive to important stimuli emitted by gemstones, a »working material« ubiquitous in this city, she has nonetheless remained true in essentials to her principles. I see two quintessential constants that inform her style:

1. Ute Eitzenhöfer's work is a reflection on jewellery and adornment. Following the Manfred Nisslmüller maxim that »Anything that can be worn on the body adorns«, she is committed to adornment, only to formulate the concept of jewellery in a wider aesthetic and ethical sense: she views jewellery as »signs on the body«, hence also as a statement for which not only the artist but also the man or woman wearing her jewellery makes a conscious decision. Viewed in this light, Ute Eitzenhöfer's jewellery does not just represent the artist's commitment to the message its content conveys. It requires – and is supposed to – a commitment of this kind from the person wearing it. Even though her work is not in the slightest blatent but can be called a document attesting to a searching process of artistic examination, Eitzenhöfer leaves hardly anything uncertain about the messages she is conveying. To her, jewellery represents the expression of, and commitment to, both an ethical and an aesthetic conception of jewellery, ranging from the ideas prevailing in antiquity in the »cosmos concept« which meant intellectually ordering the world as well as jewellery and, therefore, classified beauty as a category of the good, to the ethical clarifications of the jewellery concept voiced by the Frankfurt philosophier Martin Seel in a lecture he gave at the 7th ThinkingJewellery colloquium in Idar-Oberstein in May 2011. Referring to the Aristotelian Nicomachean Ethics and Wittgenstein in particular, Seel said in his lecture:

> The 'adornment of beauty', [...] always has a social dimension. No matter to what extent and in what form this adornment may be fitting for a person, it always depends on how he or she appears to others as a person. 'An inner process requires extrinsic criteria,' observes Wittgenstein in § 580 of his *Philosophical Investigations*. This holds not just for individual psychic states but also for the capabilities, including sensitivity and receptivity, that make up a person's character. They are not a recondite inner possession; instead they reveal themselves in what the person concerned does and does not do. Also the type and degree

of persons' beauty form, if the previous remarks were plausible, a not inconsiderable part of their identity, which, like many other aspects of personal selfhood, can be acquired, retained, or changed only in exchanges with others. This also means that a person's character is not a given immutable for all time. Although it can be formed by background, eduation and the experience of happiness and sorrow – it can and must also be formed by one's own endeavours. After all, virtues and vices are human advantages or drawbacks for which one is at least in part accountable – and this is just as true of a person's aesthetic virtues and vices.«

Even though many of her works certainly can be viewed as adornment on the human body in line with widespread conceptions, Ute Eitzenhöfer instead advocates a conception of beauty that is rooted in the spiritual and intellectual according to the classical school of thought and is the expression of a »beautiful soul«, of a stance shaped by ethical and moral principles.

2. One theme, in my opinion, informs all stylistic changes Ute Eitzenhöfer's work has undergone: she is, on the one hand, concerned with the world of things, especially the world of human artefacts, on the other, with man's relationship with Nature. However, she is not merely interested in things as such in their material beingness but rather the relationship of man with his things, the significance that things assume in man's life and how he deals with them. Hence men's interrelationships as well as cultural and societal relationships and future issues in the political sense are also ultimately at stake. Even though her work focuses on material such as plastic or wood, her artistic point of departure is the product or semi-finished product as a manmade material. If products of Nature such as gemstones are shown in her later work, this nonetheless happens in the context of their relationship to manmade material.

The themes of her artistic research are, on the one hand, the aesthetic properties of these objects, on the other, however, also man's dealings with them within the processes of production and consumption, ie, utilisation. With regard to methodology, she tends to examine the objects of her study systematically with an archaeological approach: she removes the varnish of semantic levels adhering to her objets trouvés layer by layer to penetrate to the material essence of things.

After her first creative phase, which lasted until about the turn of the millennium, saw her inter alia making objets trouvés such as driftwood, string or printed paper the starting-point for her art work. Her analytical approach did not at first centre on the technical process of making, whether craftsmanship or industrial manufacture. To paraphrase Jean Baudrillard (Das System der Dinge. Über unser Verhältnis zu den alltäglichen Gegenständen, Frankfurt 1991 [English version: The System of Objects]) Ute Eitzenhöfer addresses the world of artefacts from everyday living and consumer behaviour that surround us. In the first phase of her work, these things from everyday living are usually objets trouvés from the world of objects used by human beings and discarded from consumption, in particular bottle stoppers and caps and plastic bottles from the cosmetics sector as well as printed paper or wood. In an initial analytical work process, Ute Eitzenhöfer embarks on the comprehensive project of »denoting« her objets trouvés. In this she is concerned with »liberating« her objet trouvé (eg, a toothpaste tube or a shampoo bottle) from all semantic connotations in order to advance to the material itself, its material content. Through this denotation process she also exposes the relatonship between man and things. As Baudrillard (loc. cit.., p. 245, ie, freely paraphrased from the German edition: translator's note) saw it:

> The transformation of an object in a systematic sign status resulted in the synchronous modification of human relationships and of consumer behaviour as well; that meant that the consumer relationship (in the double sense of the word as ›used up‹ and ›finished‹) was fulfilled with and through the object. Thus consumption became mandatory as mediation and not long afterwards the pretext for an alibi.
>
> What was consumed, therefore, was never the object but the relationship itself, both intimated and absent, the relationship that was not understood yet was tacitly the premise, the idea of relationship, which was consumed in the sequence of objects. A relationship was not experienced as something that had been lived through; it changed and perished in an object sign.
>
> The 'relation-object' status was monitored at all levels by the order of production. Advertising was always concerned that living and contradictory relationships should not disturb the »rational« order of production so that it, too, might be »used up and finished« like everything else. To gain access to the production process, they also had to »personalise« themselves. That ultimately amounted to consumer logic, which Marx had analysed: just as the needs, feelings, culture, knowledge and indeed all human forces went into the order of production and, in order to be marketable, materialised as productive forces, so today all wishes, designs, ambitions, demands, all passions and relationships with signs and

> objects, were rendered abstract or materialised so that they might be bought and consumed.

Ute Eitzenhöfer is concerned with investigating »used up« objects that have become refuse, both apart from their commodity status and in respect of the content that is the vehicle for the nature and significance of her »sign system«. To do that, she must first of all abandon the fetishistic promise of eternal youth and undimming beauty associated with using a particular ointment, of a paradisiacal state of bliss, utter relaxation under Caribbean night skies suggested by the colour of the bottle containing a particular brand of bath salts, the promise of lasting cleanliness, immaculate hygiene and freshness guaranteed by a shower gel and the concomitant »happiness imperative« imposed by the advertising industry. (On this cf Wolfgang Ullrich, Haben wollen. Wie funktioniert die Konsumkultur, Frankfurt/Main 2006, in particular pp. 65–118). In this context, Wolfgang Ullrich speaks (p. 93) of a »Copernican turn« in the marketing strategies employed by the cosmetics industry, in which these products have gone from being an omnipotent fetish to a »nanny-like« (Wolfgang Ullrich) authority on personal education that elicits new behaviour from consumers:

> In the meantime many products are such 'meaningful things' and influence far more than mere perception of one's body image. Cosmetics are what alleviate their users' fears of being too parochial and, with their promises of virginity, give them the feeling they can redefine their own personalities at will. How recent such promises are becomes clear when one compares the pronouncements uttered in cosmetics advertising today with those that [until only recently: W.L.] [...] were commonplace. Then what mattered was being more pleasing to others and avoiding embarrassing situations, thanks to a particular cream or a deodorant. Now the focus is on consumer self care. Instead of touting the positive effect a product has on others, advertising now prefers to speak of the benefits one confers on oneself by using it. The success of slogans such as »Because I'm worth it« (L'Oreal) or »I feel good in my skin« (Nivea in Germany; »Touch and be touched« English 2011) is symptomatic of this Copernican turn – not only – in the cosmetics industry.

Through her analytical approach to her work, Ute Eitzenhöfer wants to expose the structures of consumer fetishism and consumer aesthetics for the purpose of counteracting the alienation, reification and atomisation of social relationships. At the same time, like Harald Welzer, she metes out critical treatment of consumerism that is not concerned with satisfying needs:

> As the client of lifestyle providers, you have long since become part of the user interface of business strategies that have invented you as their real product: as a person constantly plagued by new needs with something new being thrust on you at ever briefer intervals. (Welzer, Selbst denken. Eine Anleitung zum Widerstand, Frankfurt Main 2013, p. 28)

Her sights are focused on the consumer who is exhausting the natural foundations of his own life, who – »free« of all meaningful religious or ethical traditions – seeks meaningfulness and personal identity in the consumption of specific trendy products.

The aim is to advance to the ontological material plane of things. Restricting analytical observation to only one part of an objet trouvé (for instance, a bottle stopper or cap) also frees the object from its function: the stopper or cap no longer keeps anything closed, is no longer part of a bottle and its function as a receptacle. Along with the contents intended for consumption and the happiness promised on the label, the formal design elements of the object that are the vehicle for conveying semantic content also vanish from sight. The object becomes an object as such, which, however, still clearly reveals the signs of industrial production, for which Baudrillard coined the term »techneme« (op. cit., p. 13). In many of Ute Eitzenhöfer's earlier works – for instance, in her use of parts of products such as plastic caps and stoppers – but also in her most recent work, in which she makes use of industrially manufactured jewellery elements such as chains, this is the point at which the next step sets in, also marking the first step on the way to the object becoming an art work: design and alteration.

Ute Eitzenhöfer takes industrially produced stoppers and caps from cosmetics packaging, which primarily reflect cost-minimising production processes and are, therefore, a reflection of technical and economical rationality, and makes them the subject of her investigation. She transforms these objects from mass-produced consumer goods of the capitalist industrial age through the most elaborate crafts processes into decorative pieces of jewellery with the aesthetic superficies of the pre-industrial age of production. Industrial products with a material and product value amounting to just a few cents are thus ennobled by the most exquisite engraving, through the value of the consummate craftsmanship. The extremely time-consuming labour of engraving with the burin[1] represents the crafts tradition of gemstone-setters, who use the technique of setting brilliant-cut gemstones in bezel settings in diamond jewellery. So setting ornaments in this way has nothing of the historicising quotation about it in the post-

[1] Examples on Pages 54–61

Modern sense. The issues of content and value are what concern Ute Eitzenhöfer.

Ute Eitzenhöfer's artistic concept frees the objects she is working on from the world of consumer aesthetics and consumerism and transforms them into art works. On the aesthetic level she pursues a two-pronged strategy, on the one hand, in dissecting them from their original functional context and allocating to them a new function as jewellery. On the other hand, she works over their industrially smoothed surfaces with crafts methods to make them decorative. In devoting such an enormous amount of time to decorating, she is not concerned with what might, from the standpoint of pre-industrial production, seem a rather conservative criticism. While censuring the consumer aesthetic, she semantically subjects to criticism – this is a pivotal theme for her – the way the mundane materials she starts out with are handled in the first place. She reflects – as an example representing the entire consumer goods sector – on the value and the process of allocating value undergone in particular by raw materials she uses such as packaging from the cosmetics industry. Their valuation by the public starts with economical raw-material status and rises on the scale to being part of a luxury product conveying messages of prospective happiness, followed by a massive downgrading to the status of seemingly worthless rubbish. The artist is worried about the limitless, thoughtless consumer attitude that is the engine driving forwards a barbaric consumerist lack of culture instead of fulfilling vital biological, social and cultural needs: the exploitation of raw materials, scenery, the world but also of human labour and options for living. In using mundane materials such as plastic, however, the artist does not confine herself to semantic criticism of value allocation and value destruction in the consumer-goods sector: in transforming plastic into jewellery in particular she has undertaken a fundamental revaluation of these materials and is, therefore, also concomitantly propagating sustainable, appreciative treatment of them. In her jewellery, Ute Eitzenhöfer formulates an ecological way of life that is grounded in ethics. She never wears her heart on her sleeve nor does she engage in disseminating propaganda in a tiresomely preachy way; she formulates artistic messages and leaves interpreting them to the viewer's eye.

Still, since taking up her teaching appointment in Idar-Oberstein, she has, as I see it, discernibly radicalised her artistic stance. This intensification of statement content is revealed in works such as a credit card transformed into a brooch[2], with which she reflects on avarice and the banking crisis.

She is revealing even more of herself, however, in an increasingly radical handling of gemstones as a material. Even in earlier phases of her work, Ute Eitzenhöfer often revealed a marked fascination with precious stones. Although they are not always visible in each of her pieces, precious stones have pre-eminent status value in her work. Nonetheless, this fascination has not lured her into being tempted to produce »gemstone jewellery«. In line with her highly principled call for sustainable dealings with Nature, she rejects the use of precious stones as symbols for luxury, conspicuous waste and ultimately the arbitrary exploitation of the natural environment. Just because of the extraordinary symbolic power of precious stones (also of noble metals such as gold as materials), she is committed to dealing very firmly with them. She tends to make sparing but very pointed use of them as a precious find from Nature's buried treasure trove, which – discovered, as it were – has made its way into the world of artefacts and synthetic working materials, only to return to the bosom of Nature when the age of man comes to an end.
The radicalisation process that has shown up in Ute Eitzenhöfer's work in recent years has increasingly given the impression of representing [se présente] a pointed emphasis on semantic and thematic content and a confrontative conflation of antagonisms. Natural uncut precious stones as well as minerals such as cut and polished pieces of agate are showing up in her work to an ever greater extent. Qua materials they also attest to natural Nature (natura naturans: Nature nurturing), which is self-sufficient, self-producing and self-revealing without in the least needing a finished artistic formulation as a beautiful costly treasure: natura naturata (Nature nurtured). (Which does not mean that the artist on principle rejects this way of working a stone.) In these most recent works of Ute Eitzenhöfer's, precious stones certainly stand symbolically for all of Nature, that is, also for both the Animal and the Vegetable Kingdoms. As symbols of this kind, they also signify originality and authenticity in the artist's work, indeed truth in an existential sense, by representing only themselves and the imperishable side of Nature in the cosmos of flickering symbolicity. Even though gemstones attest in their genesis and in their geophysical and chemical properties to processes taking place through the agency of titanic forces, they have come to signify to mankind the eternity of Nature. Hence they are – materially and ontologically – at odds with the consumer sphere with its synthetic working materials and artefacts, which by their very nature are manmade. Precious stones do not share in the human economy, its production relationships and processes, nor are they consumer goods intended

[2] Page 106

to single out particular materials or products. However, they are – on both the real and the symbolic planes – often coerced, exploited and fed into the consumption process. Even though they are, in the material sense, virtually imperishable and, unlike synthetic materials, do not partake of the process of decay and disappearance but continue to attest to viewers who will be living in the far-distant future, they are under attack on the symbolic plane and are being degraded to meaningless particles of the consumer aesthetic.
In many of her pieces of jewellery, Ute Eitzenhöfer works with the symbolic power of precious stones in the sense outlined above. She deliberately incorporates precious stones both as eternal witnesses and forward-looking envoys of her jewellery in her jewellery objects, which although made of perishable materials, defy the process of decay and natural succession even beyond the limits of the human lifespan. They are also the last witnesses of the artist's jewellery, which will decay over the centuries to find its way back into Nature, thus attesting to the cycle of waxing and waning to which works of art are also subject.
Usually set in »base materials« such as latex or plastic, the precious stones in her work are indeed literally restrained and forced into the position of being gemstones, for instance, in a necklace. In one she made in 2012, the artist has fettered cut and polished discs of agate with luminously coloured bands of plastic that criss-cross in the form of a St Andrew's cross[3]. She has fastened the central element of this piece of neck jewellery – and this is just as steeped in symbolism – to a strand of large pearls, that »timelessly classic« accessory of well-heeled femininity which has for so long been the one piece of jewellery impeccably suited to all occasions – from a ladies' coffee morning to an evening at the opera. In this work Nature appears to have been bound to the cross of St Andrew symbolically through man's doing; on the one hand – following medieval symbolism – as the »Exquisite Corpse«, on the other hand, also as eternal Nature, whose cross, according to Christian iconography, is not just a symbol of death but is also a sign of the Resurrection and eternal life. In more pessimistic interpretation variants, the precious stone, which stands for eternity, would have been simply crossed-out, reformed or at least severely damaged, hence bereft of its original symbolic power. According to this intensified reading of the semantic content, the fettered agate stones have become a mene tekel (The writing is on the wall), a warning about Nature being threatened by mankind. They have become monuments, perhaps also gravestones, set up in anticipation of the looming destruction of Nature.

[3] Page 161–163

In another piece, a choker, a chain of tiger eye with elements industrially cut into flower calyces, has as its central element an agate disc, which in turn bears at the centre a tiger eye in the form of a locking bar that corresponds with the chain[4]. The industrially manufactured chain has indeed been enhanced by finely wrought engraving yet still seems to be in bad taste, even kitsch, according to the conventional aesthetic. It has, however, been transformed into part of an art object by Ute Eitzenhöfer's confrontative montage primarily because the chain enters on a relationship with a centre-piece that is by design menacing even to look at with its massive technoid clasp and two metal fastening elements. The context of enslaved, destroyed Nature thus enters on a particularly crass aesthetic stress relationship, in which the central Nature symbol appears to be threatened in several ways at once: it is both literally and figuratively fettered to the industrially manufactured chain by metal screw fasteners that are vastly outsized in relation to their hasp function. Aesthetic shock is heightened to scandal through the assemblage of such antagonistic elements as the organic-looking natural materials of the centre-piece with the tiger-eye chain that technical and industrial design and working processes have made degenerate (»I was once a product of Nature«) and the screw fasteners that contrast in the material and aesthetic statement they make. In works such as these, Ute Eitzenhöfer cultivates metaphoric imagery that tends to be extreme in the context of jewellery.
Merely as an aside, another important plane of interpretation might be mentioned: following archaic and ancient mythology, a »precious stone« qua material as a product of Nature symbolises the female principle that brings forth life whereas the technology of the industrial age wrested from the hands of the (feminine gender) τέχνη of antiquity belongs, according to the notions prevailing today, to the male domain. Thus representing Nature as threatened also becomes a criticism of patriarchal dominance in Eitzenhöfer's work.
In taking up this stance, Ute Eitzenhöfer also stakes out a position for herself and her works in the domain of jewellery. Since she is so critical of all forms of consumerism, she also rejects any material and ideal categorisation of jewellery as belonging to the world of overabundance, squandering of natural and other resources and luxury. Not that she declares she is on principle against the use of noble metals or stones. Quite the contrary. When, as described above, the use of noble materials is semantically and aesthetically justified, she has no qualms at all about showcasing them in

[4] Page 164

her work as elements that are important vehicles for conveying meaning. However, she criticises the excessive material consumption of precious stones so commonplace in the upscale segment of luxury jewellers' wares, not just for artistic or aesthetic reasons, but also because consumption of that kind is a negative spin-off of a meaningless addiction to extravagance. Moreover, in her work she subjects the jewellery industry along with the sign system of industrial products that promises luxury to a searching critical examination on multiple levels by decontextualising both and working them over. To her, the specie of costume jewellery and jewellers' wares that is based on mere repetition of traditional forms communicates solely in the aesthetic parlance of luxury and propagates its meaningless promises is questionable in the extreme. In this she is not only pleading for sustainable handling of the natural resources available to mankind by using them in a way that takes into consideration a good life for generations to come. In particular she also advocates jewellery that eludes consumerist utilisation; Ute Eitzenhöfer makes jewellery that breaks with conventional expectations of jewellery as »the embellishment of beauty«. It confronts us with semantic stances that are hardly likely to provide a locus for more or less pretentious small talk. This is jewellery that cannot be simply put on or taken off because doing either exacts a conscious decision of the man or woman wearing it, ultimately also a commitment to the semantic stances taken up by the artist.

Ute Eitzenhöfer consistently faces up to the issue of whether jewellery is compatible with a concept of art in the contemporary sense, with art that is no longer committed to the cult of beauty but instead is disturbing and distressing because it views beauty as a category of the good, as a function of an inherently ethical attitude. With her work she treads ways aesthetically – also on a high intellectual level – which take viewers, and especially the men and women who wear her work, behind the shiny façades of what is only putatively a beautiful world of things and their possessors. She makes jewellery which is very clearly intended to work as a sign to be worn on the body without, however, assuming the function of a blatent opinion button. With her work she is at home neither in the world of brand labels nor that of coercive politics. Her jewellery, by contrast, challenges you to think for yourself. On the one hand, she courageously pushes the boundaries between art and jewellery and, on the other, in her reconnaissance project advances far into the separate spheres of both disciplines.

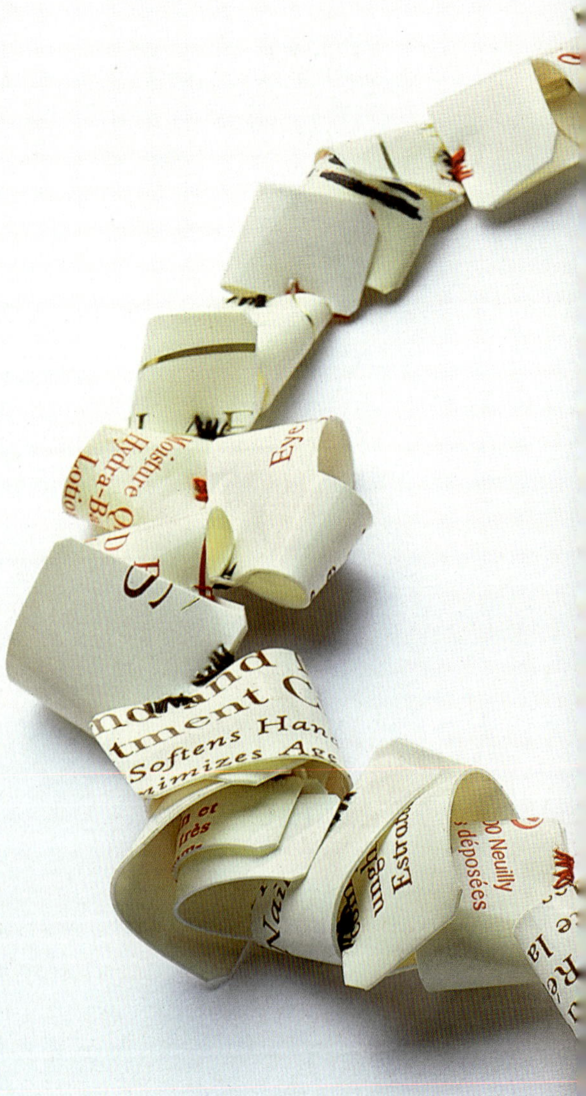
Eye
Softens
déposées

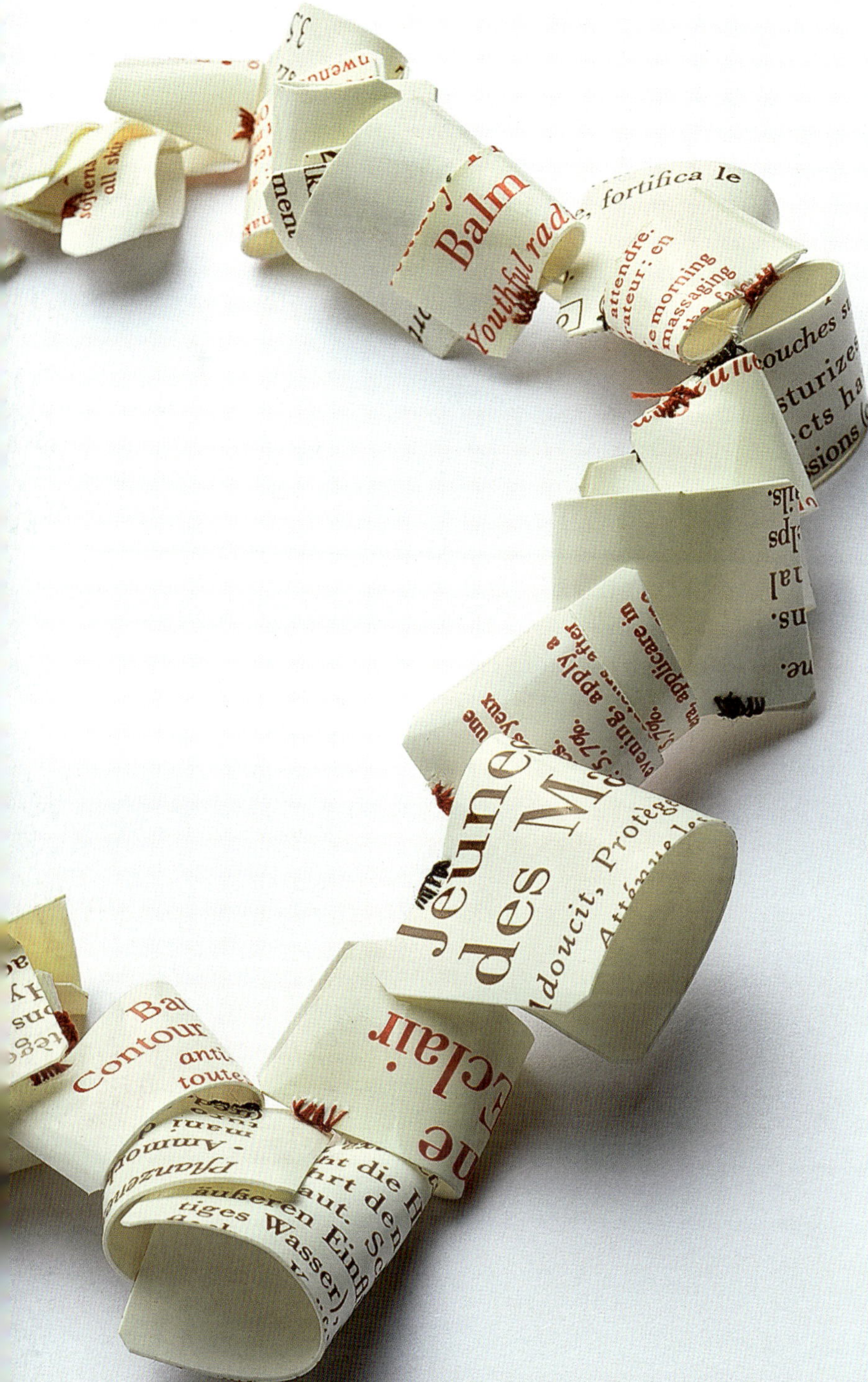
Balm
Youthful rad
fortifica le
attendre: en
e morning
massaging
touches
sturizes
cts ha
ssions
apply a
evening
applicare in
Jeune
des M
Protège
adoucit
Contour
toute
clair
ht die
äußeren Einf
tiges Wasser)
Pflanzen
Ammon

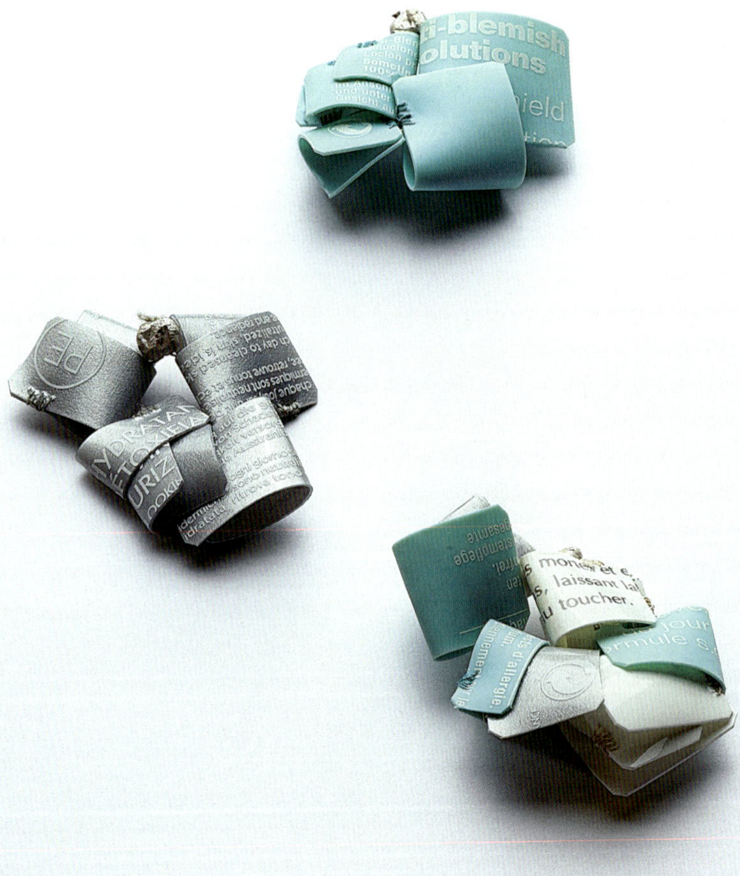
laissant
toucher.
d'allergie.

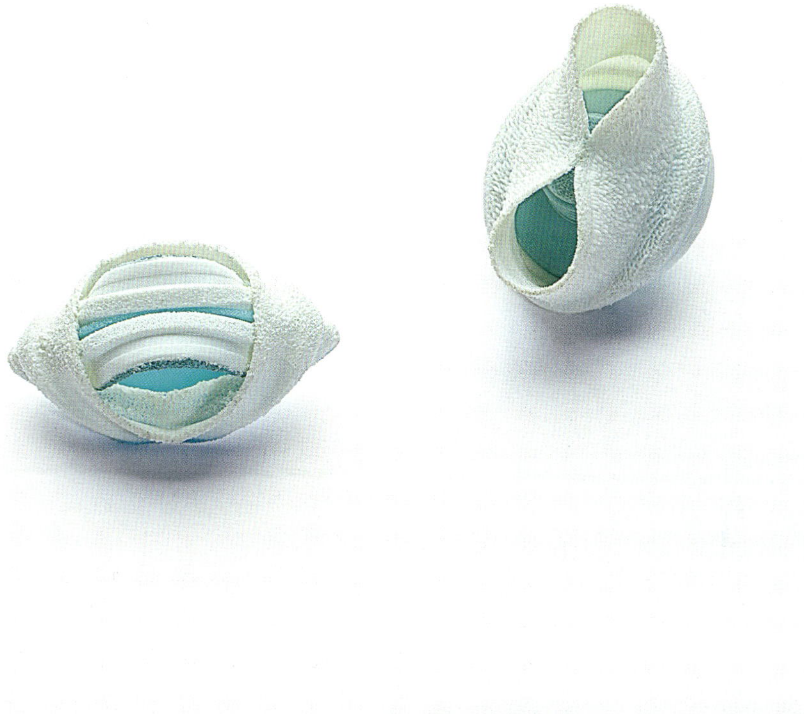

Haben Sie Gewohnheiten?
Do you have habits?

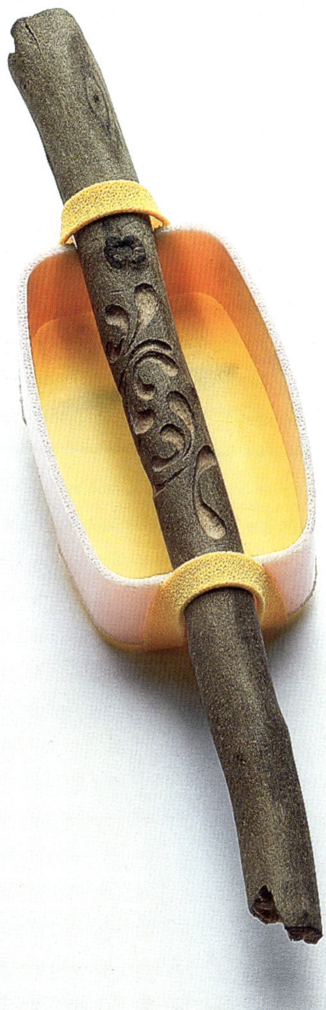

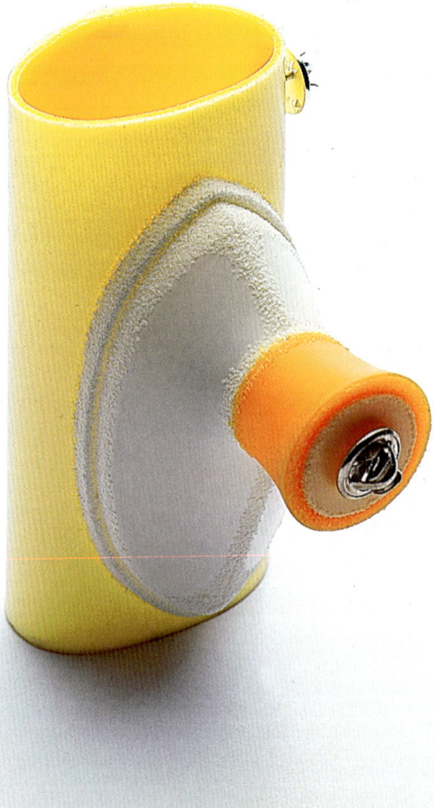

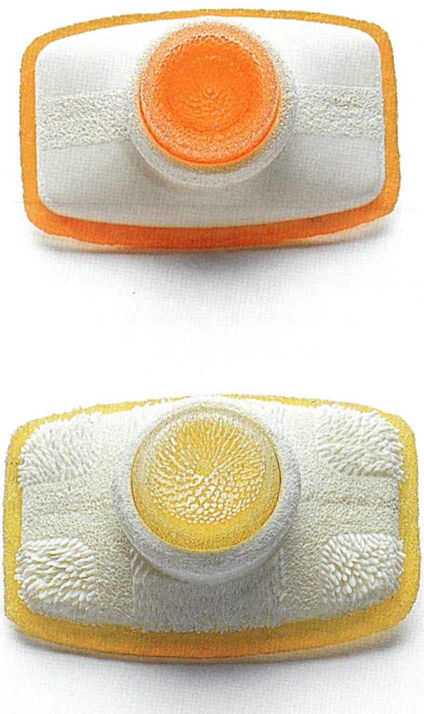

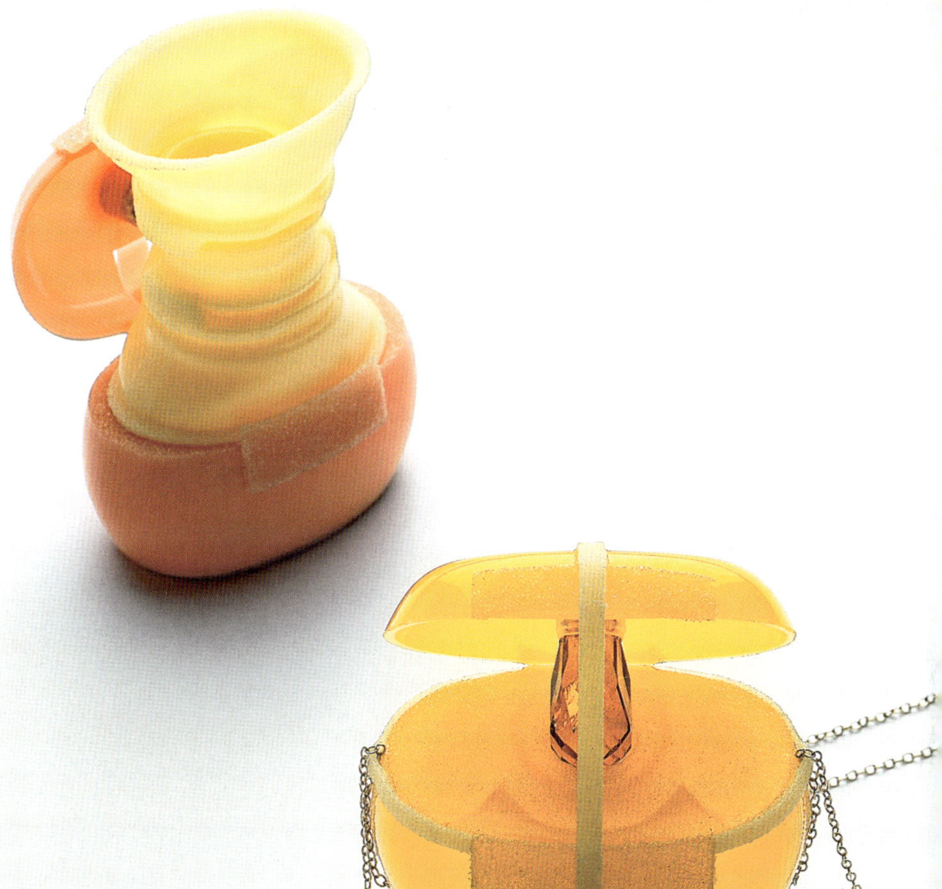

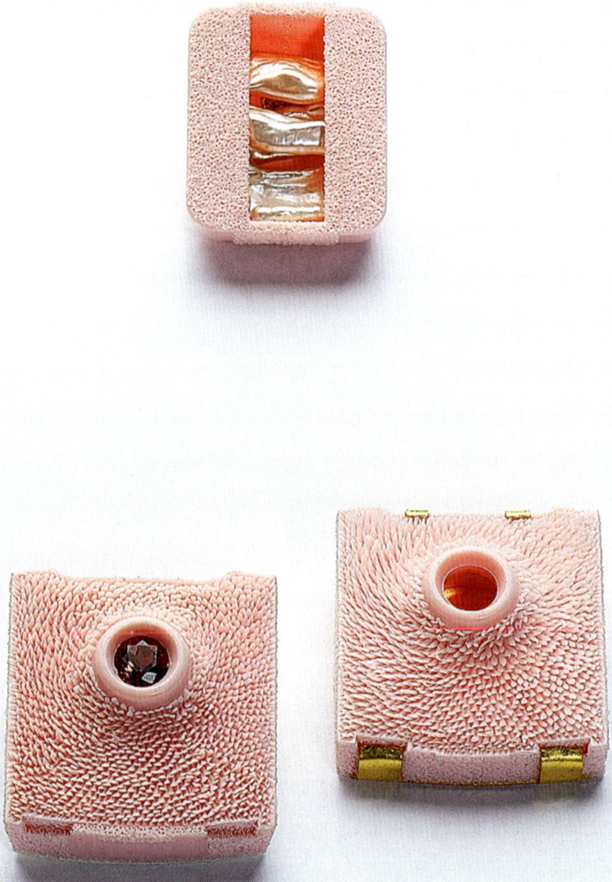

Was wird sein?
What will be?

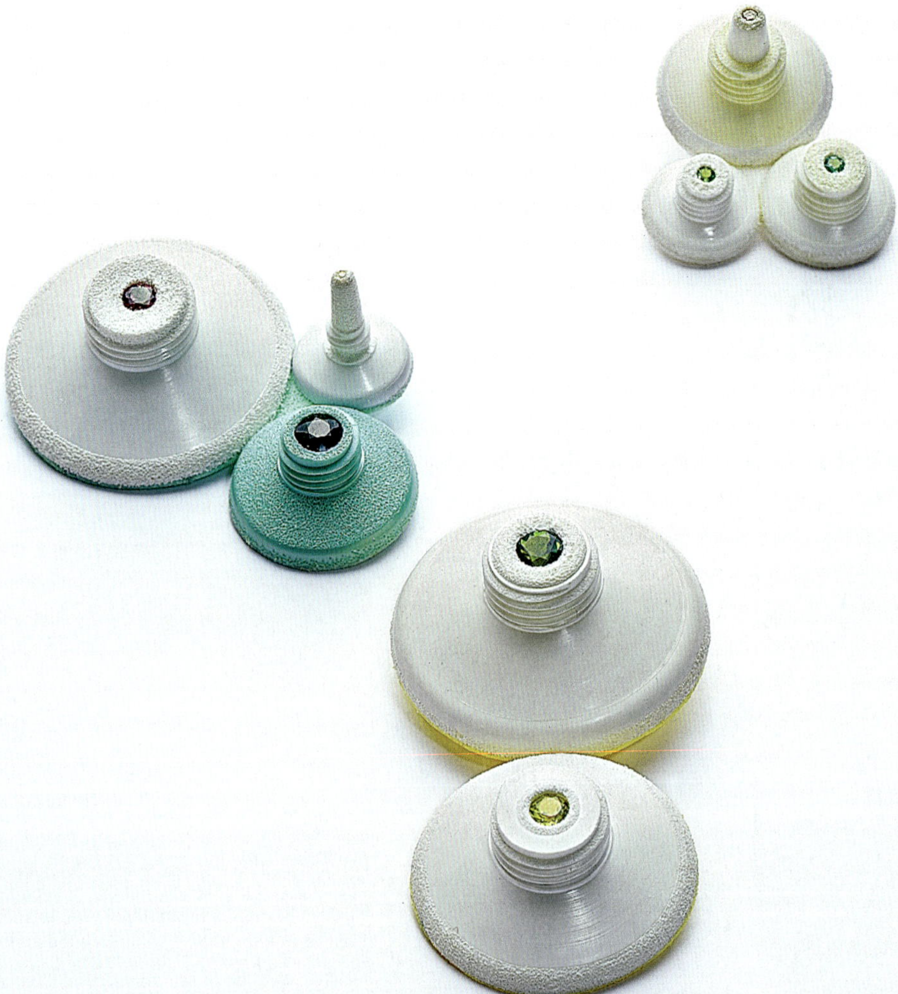

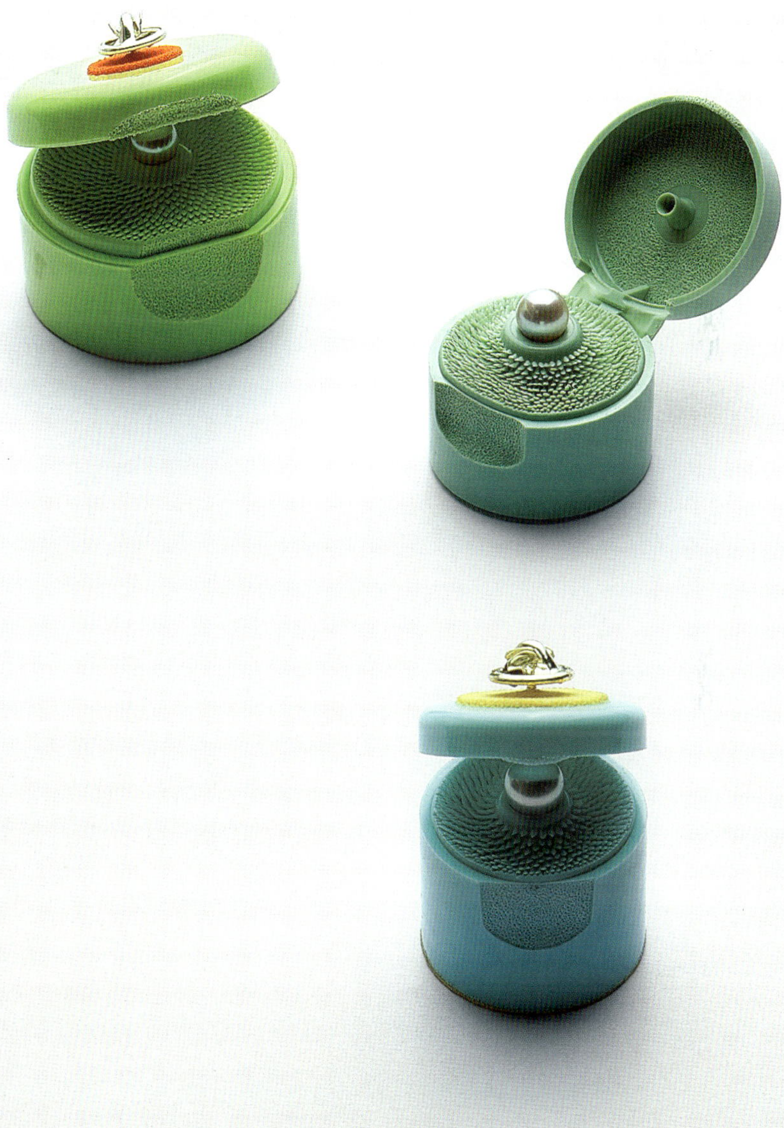

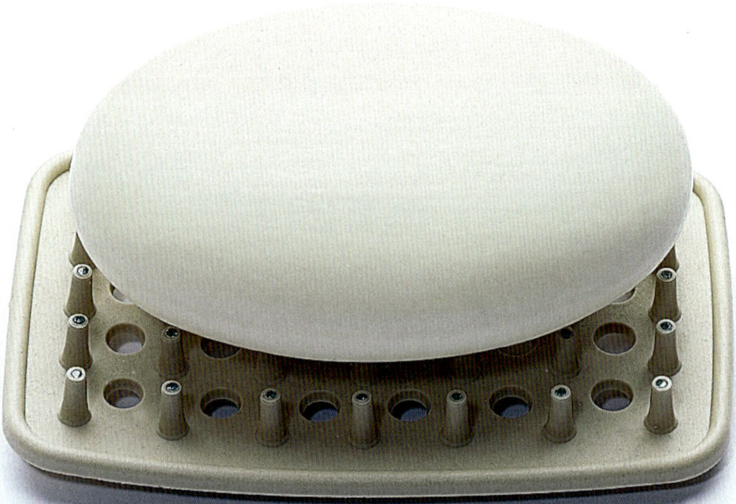

Wie beeinflussen Sie die Welt?

How do you influence the world?

Karlsruhe, Germany

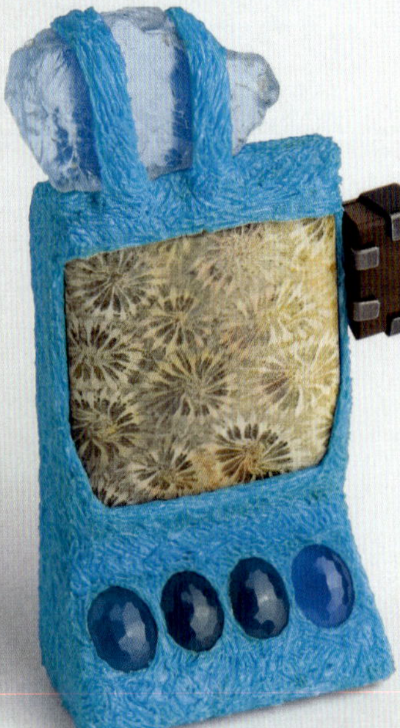

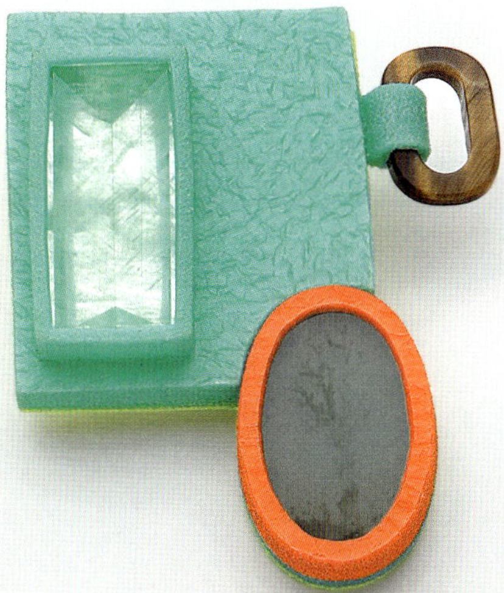

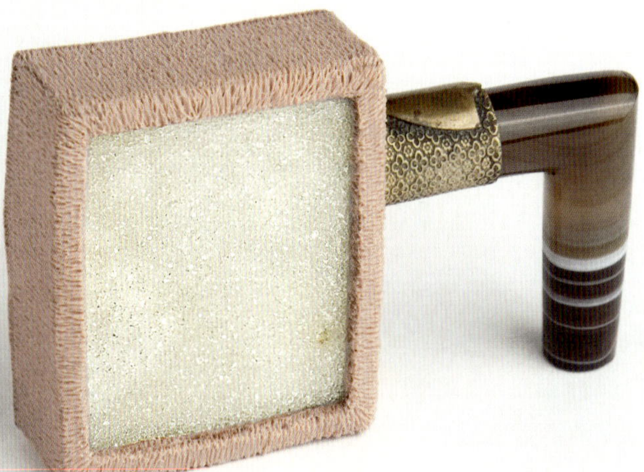

Was passiert, wenn jeder etwas herstellt, das ewig haltbar sein wird?
What will happen if everyone makes something that will last for ever?

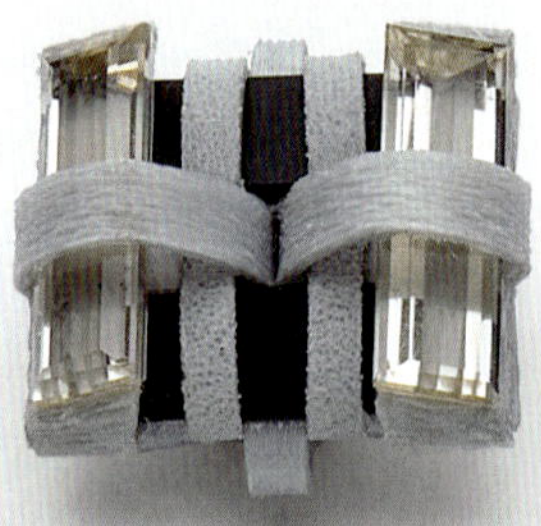

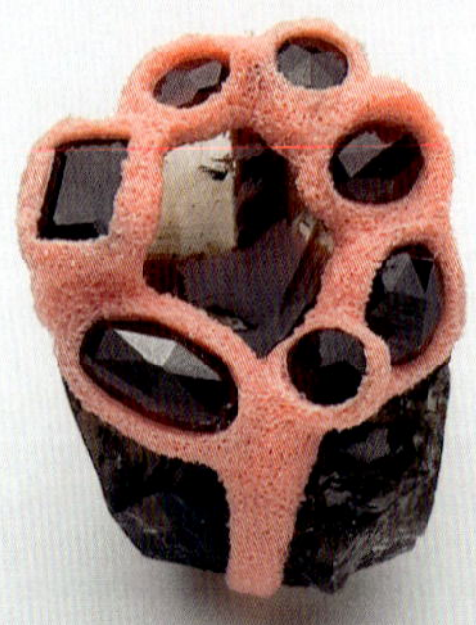

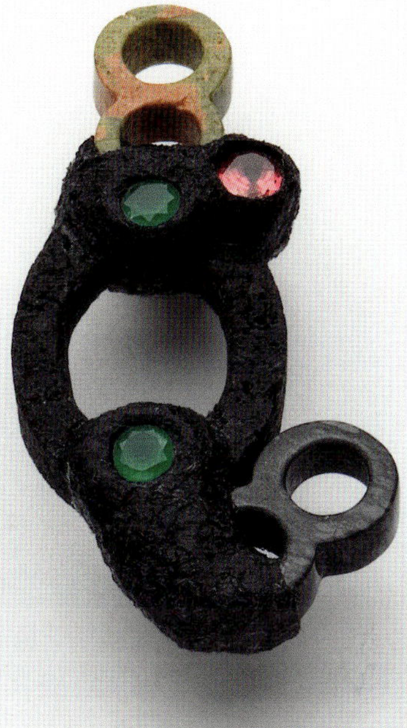

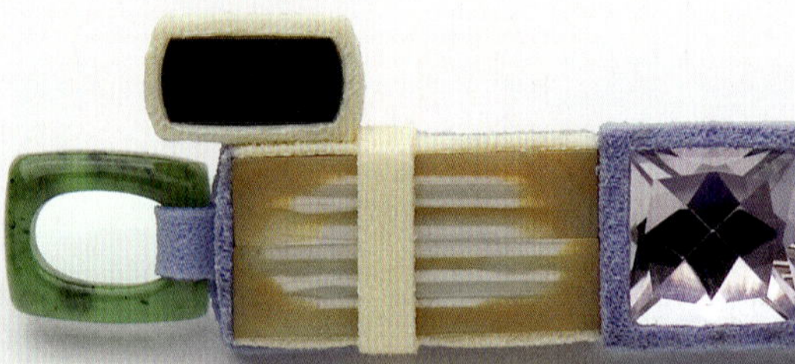

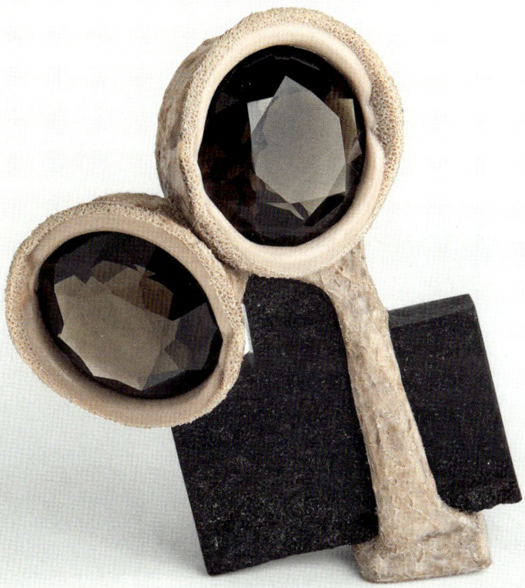

Macht eine Body-Lotion jünger?

Does a body lotion make you younger?

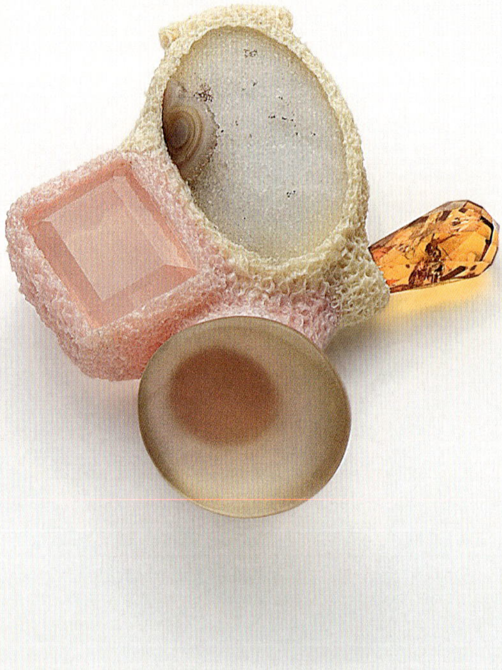

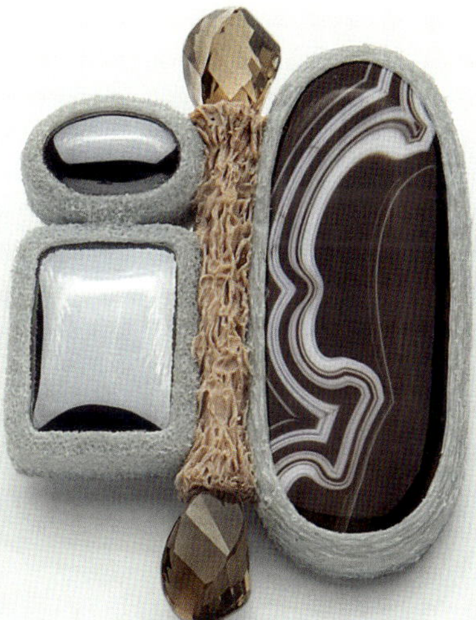

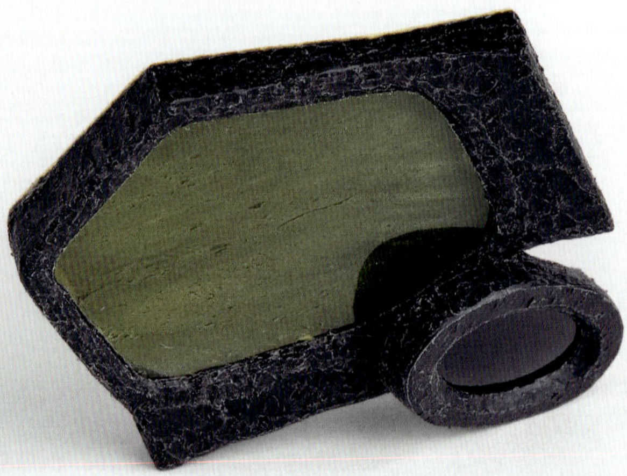

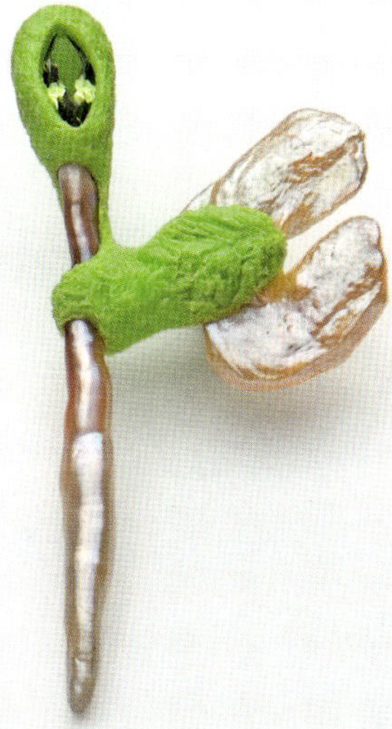

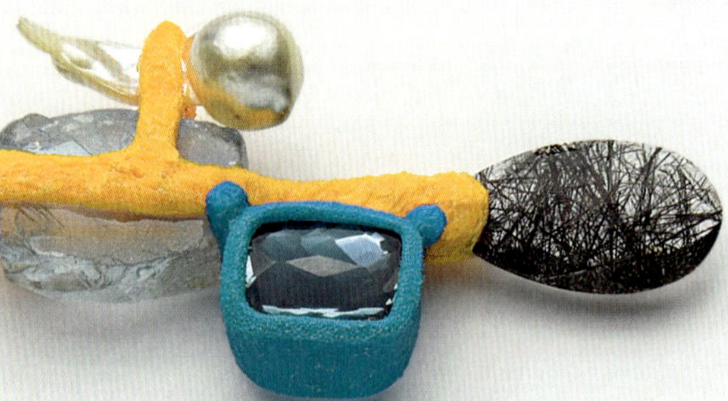

Was ist eine Chance?
What is an opportunity?

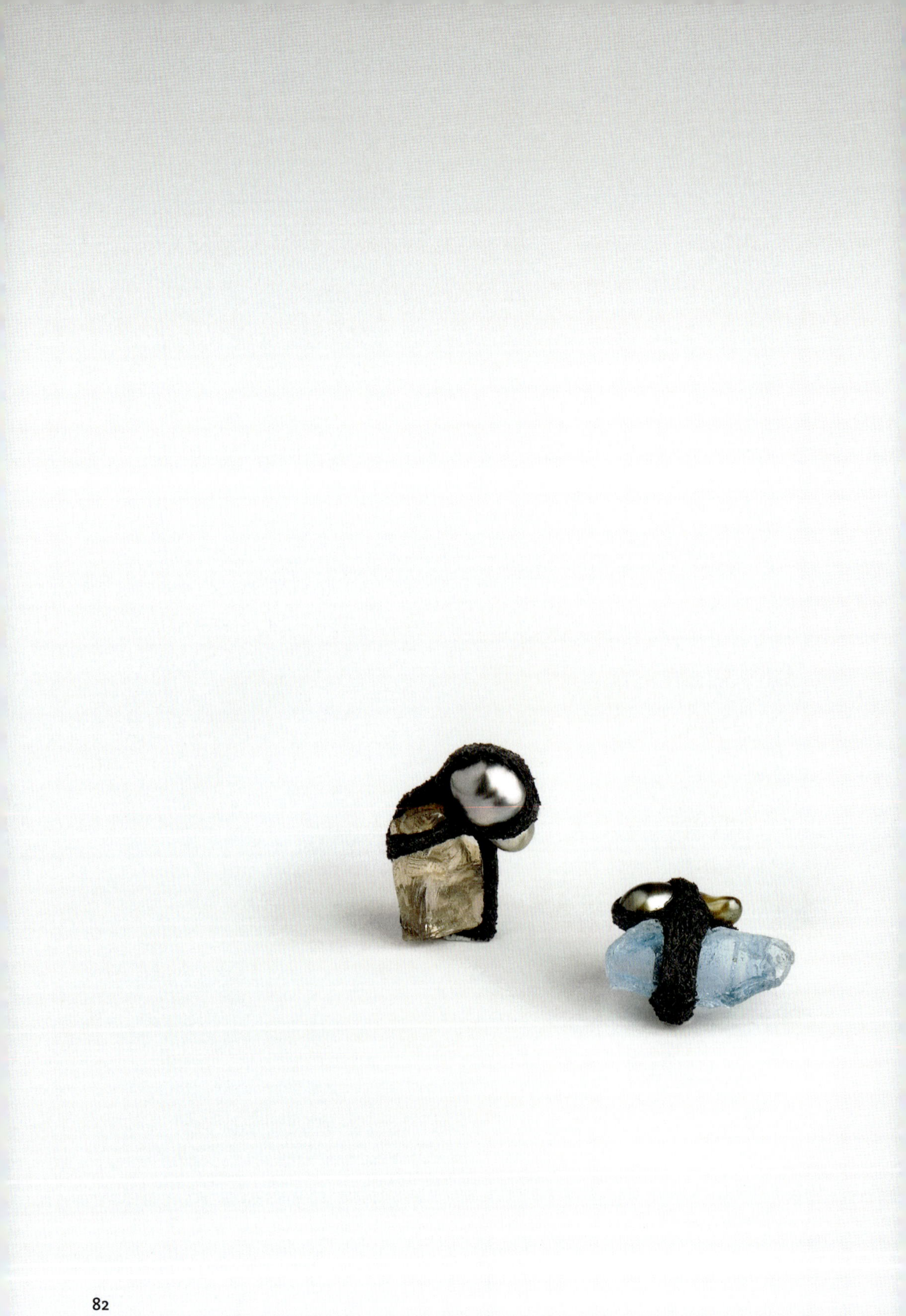

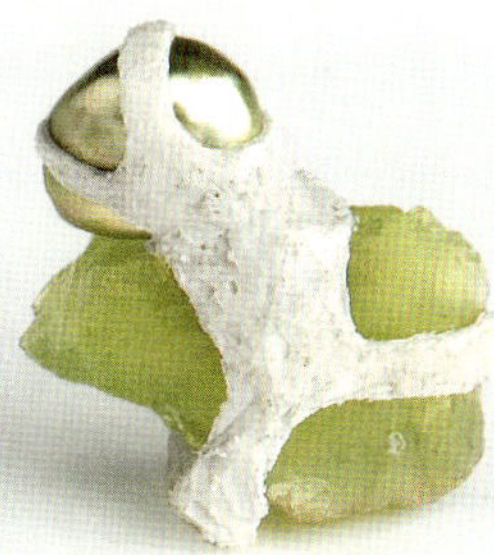

Essen Sie gerne Brot?

Do you like to eat bread?

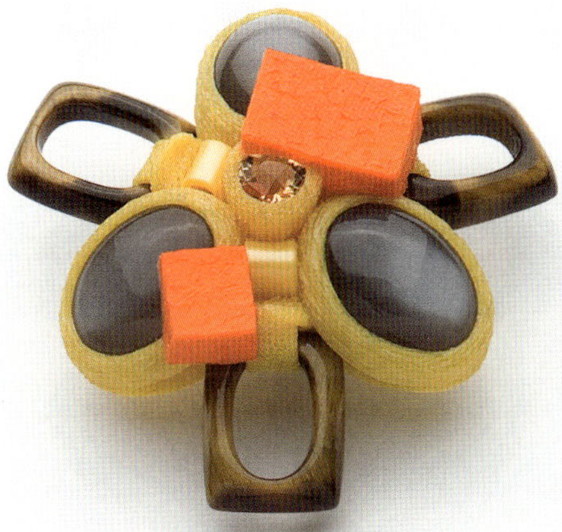

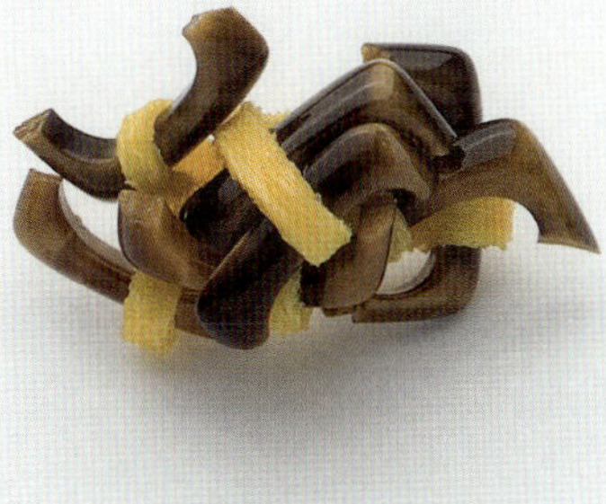

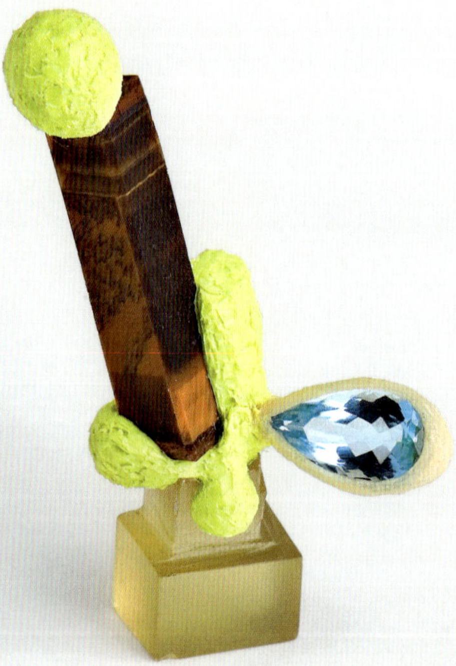

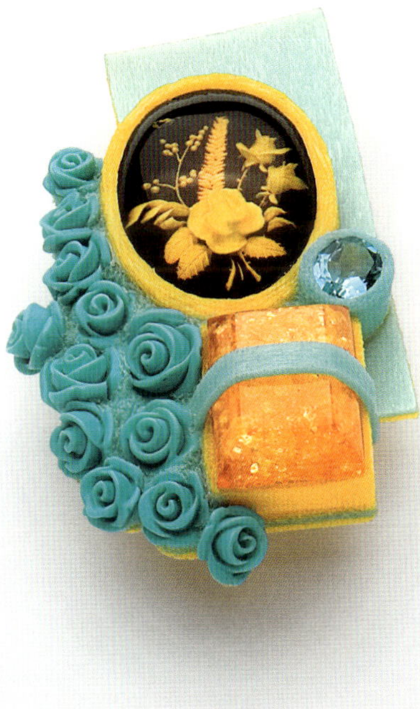

Was ist sinnvoll?
What is meaningful?

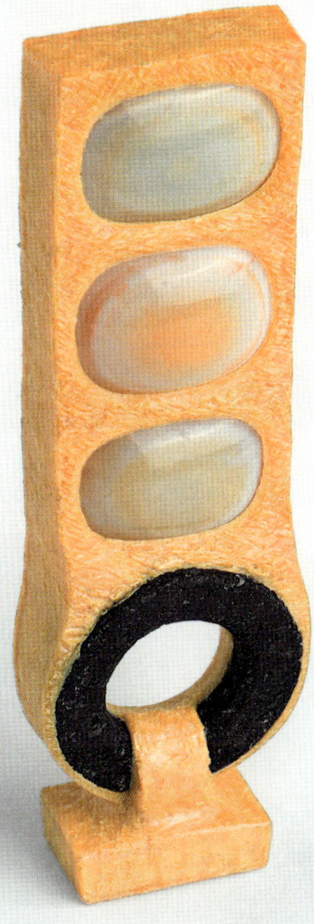

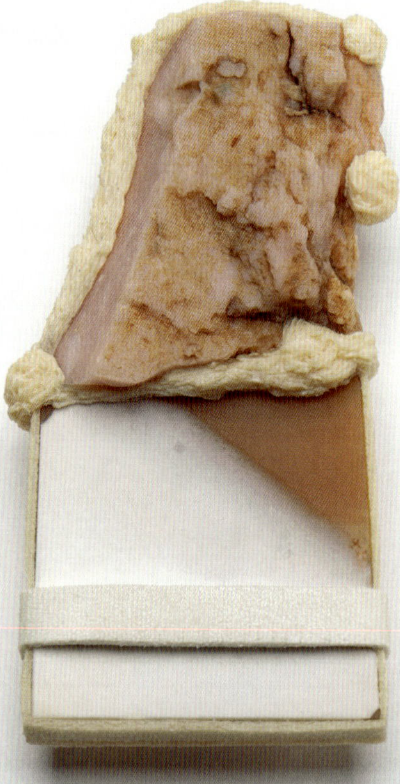

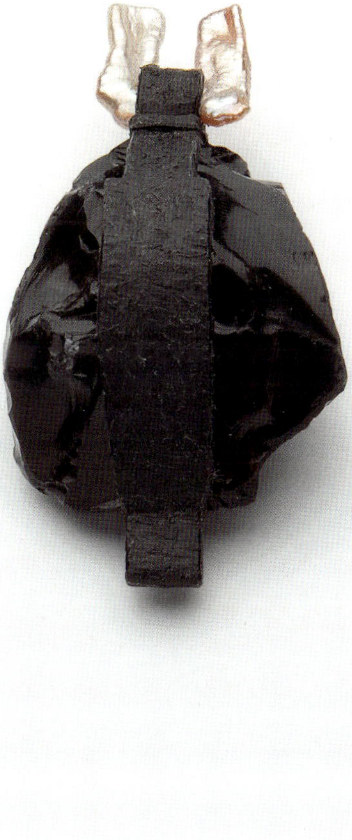

Guadeloupe, France

Was ist der Wert von Blättern, die im Wind rauschen?
What is the value of leaves rustling in a breeze?

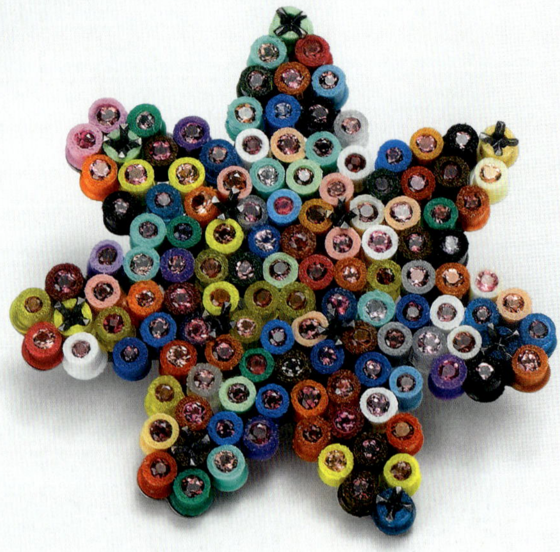

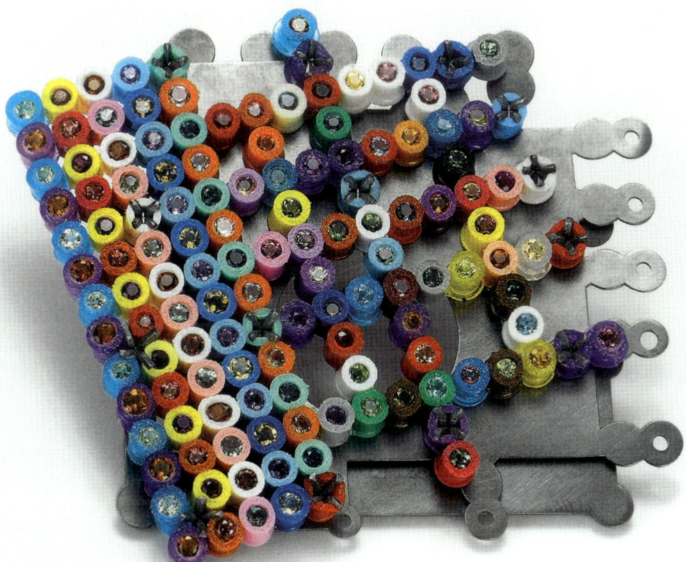

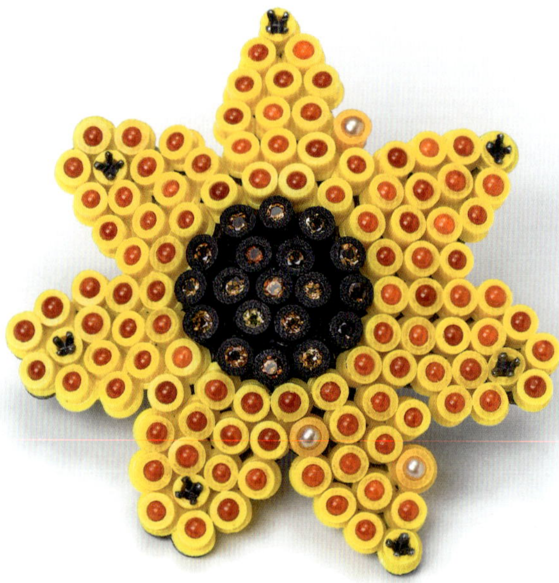

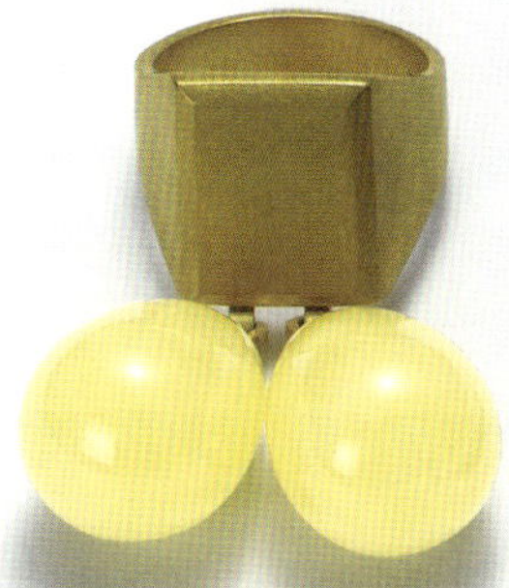

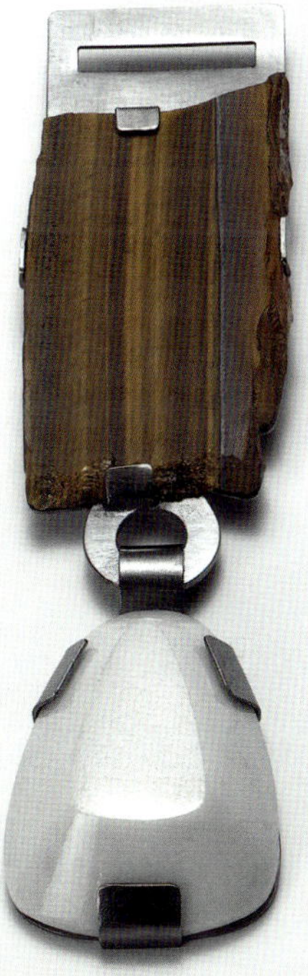

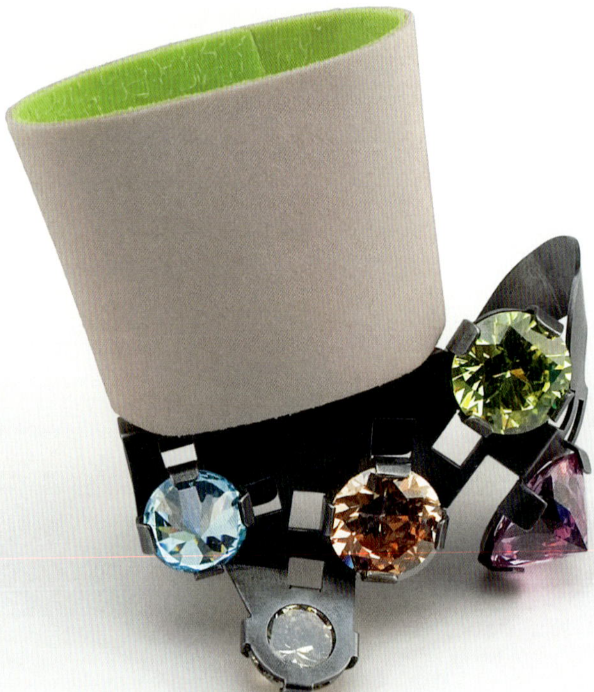

Gibt ein Energie-Drink Energie?

Does an energy drink give you energy?

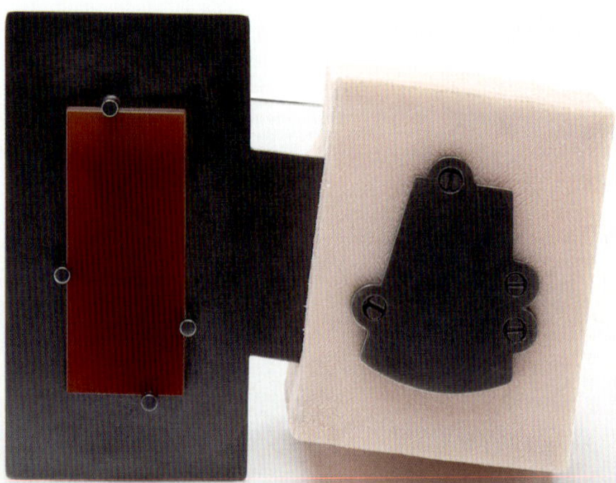

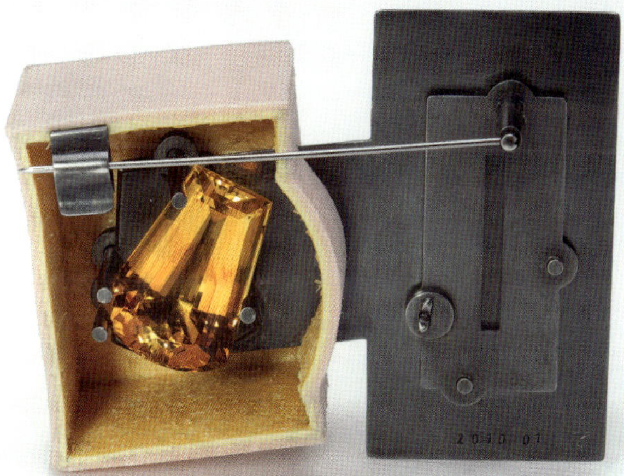

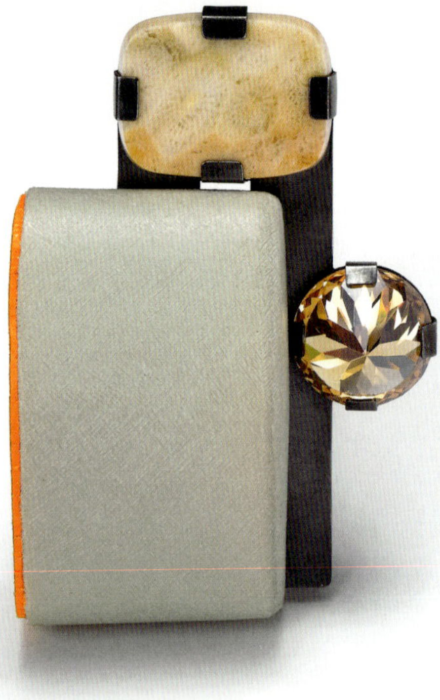

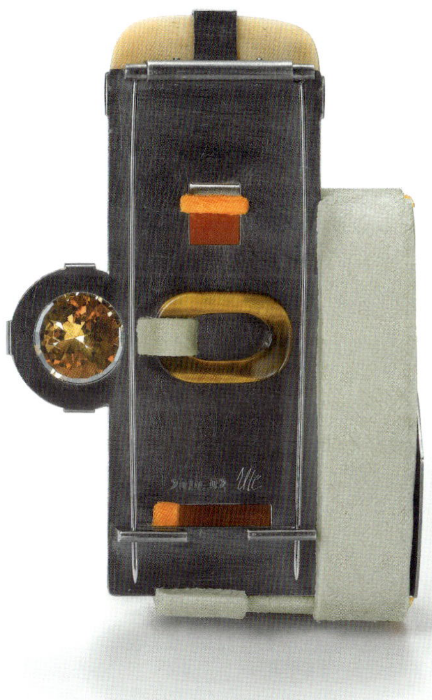

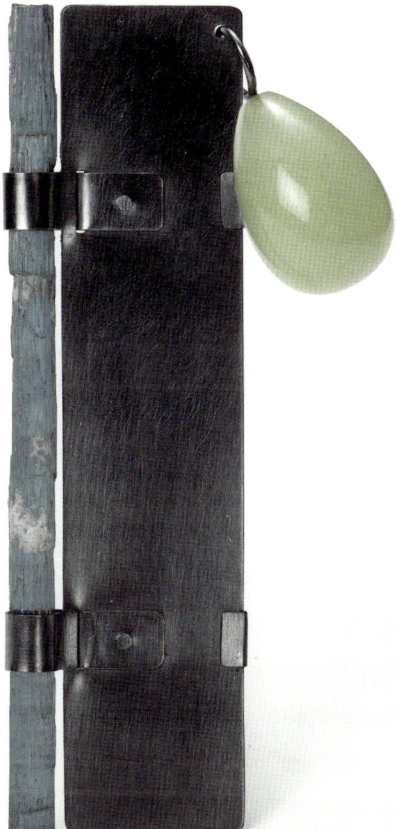

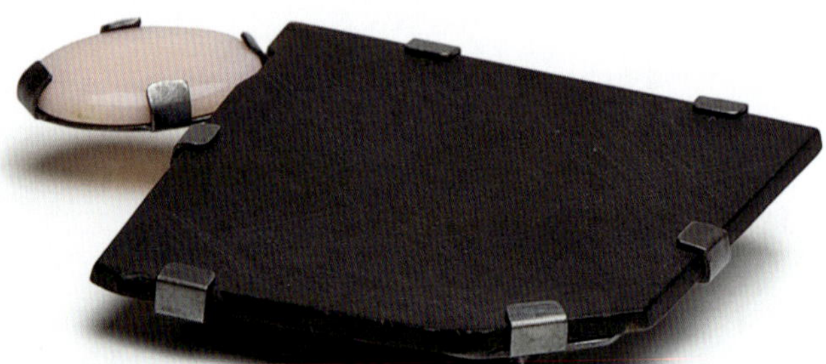

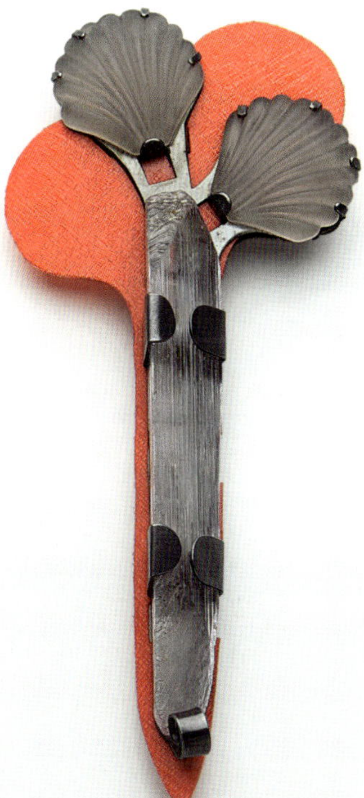

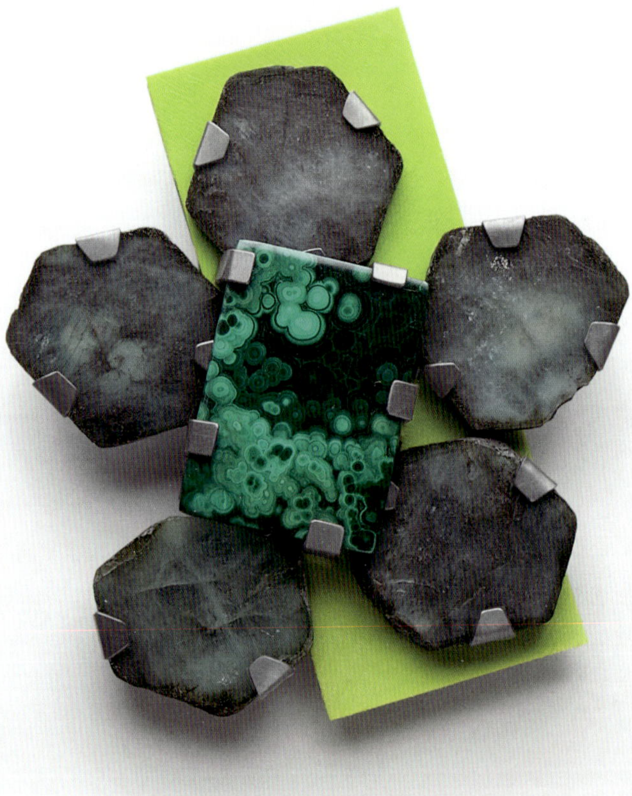

Gibt es eine Angst, im weißen Raum verloren zu gehen?

Is there fear of being lost in White Space?

Was ist wertvoll?

What is valuable?

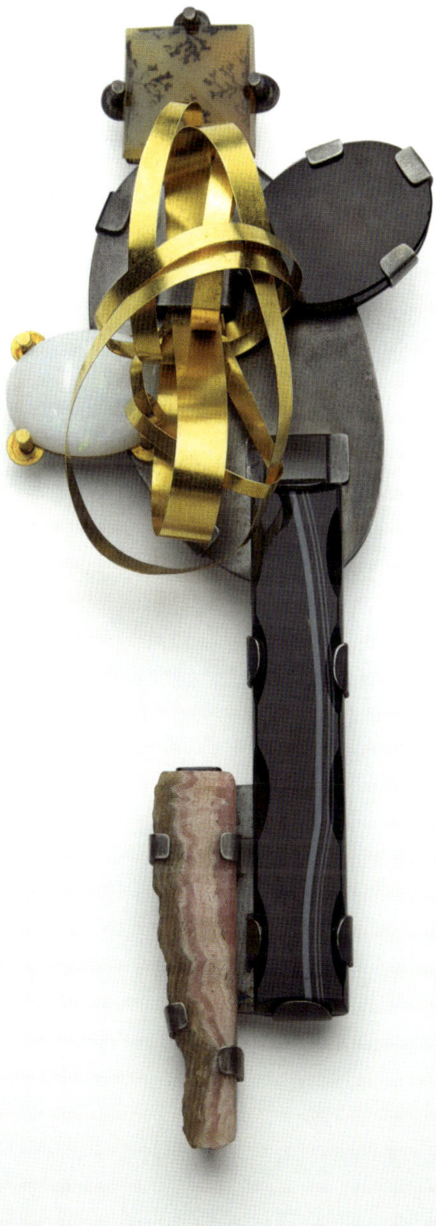

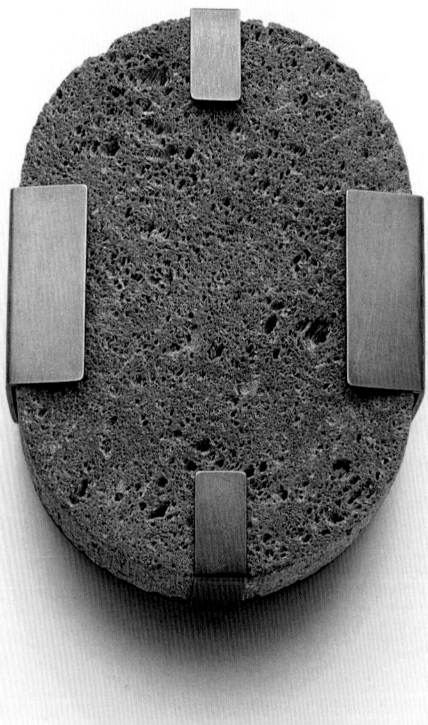

Ist es notwendig, den Dingen auf den Grund zu gehen?

Is it necessary to get to the bottom of things?

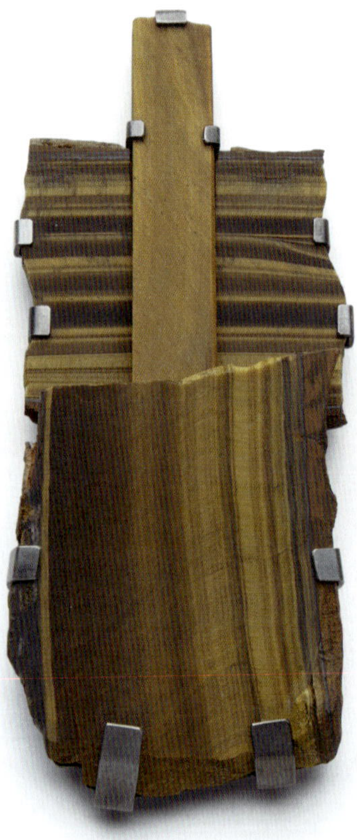

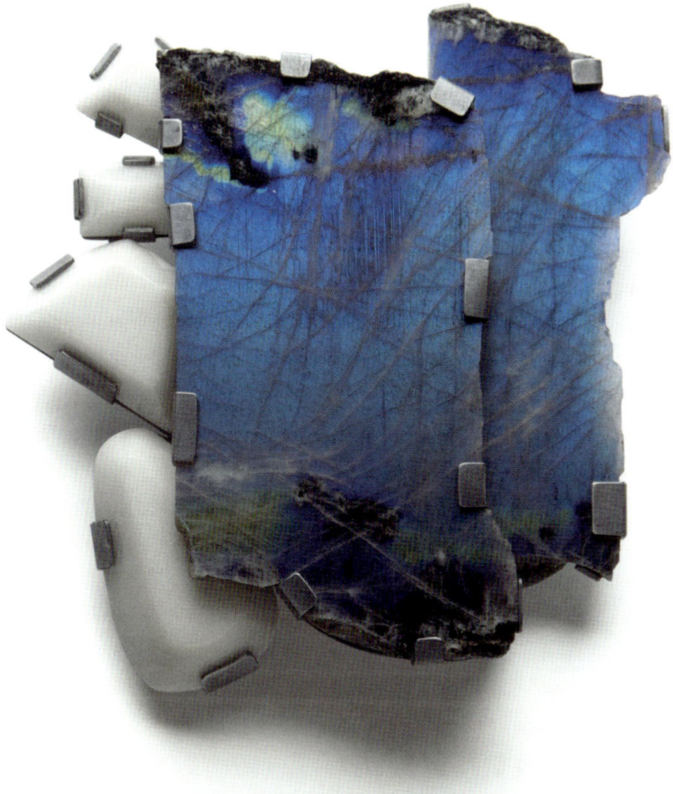

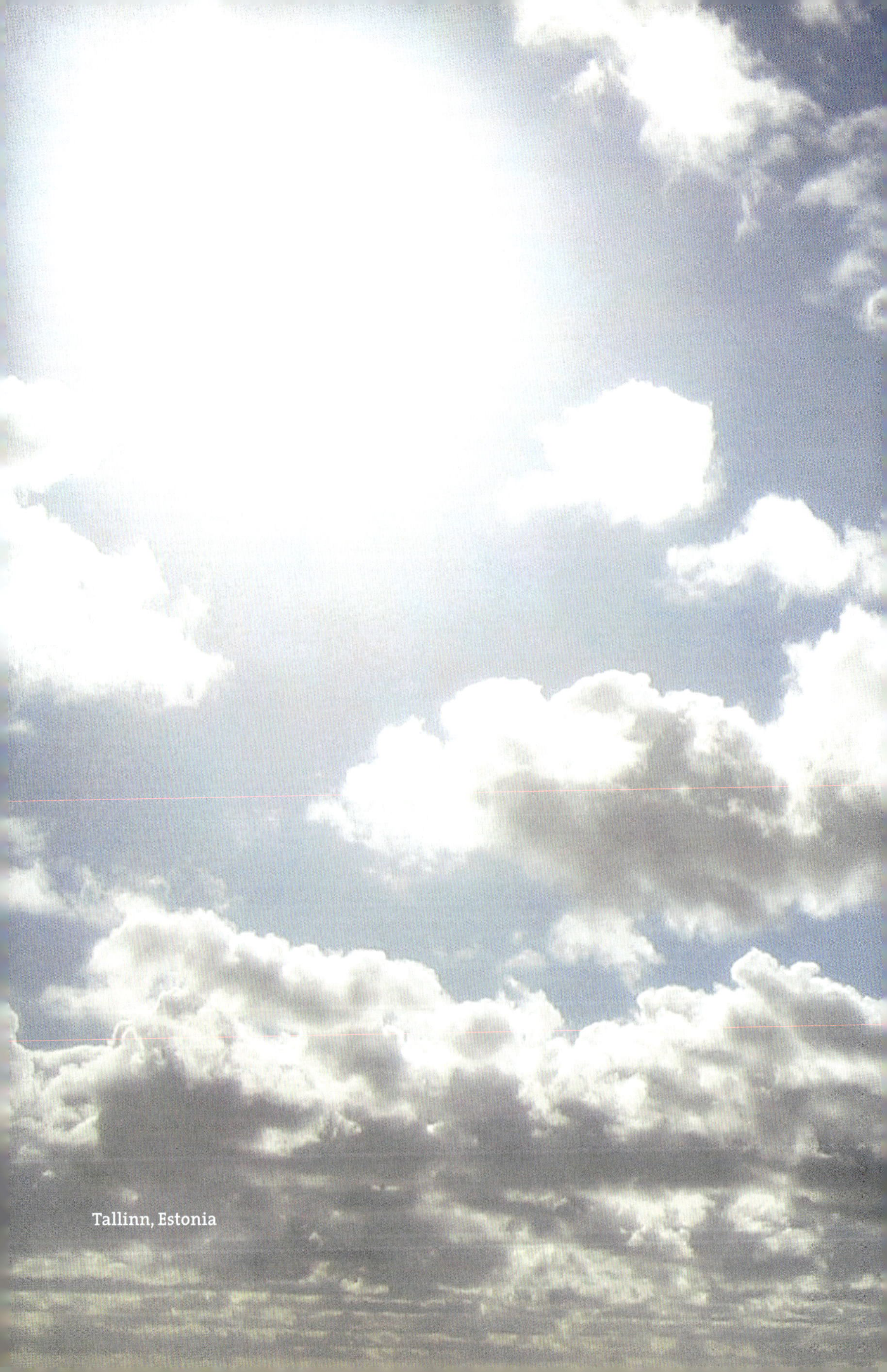

Tallinn, Estonia

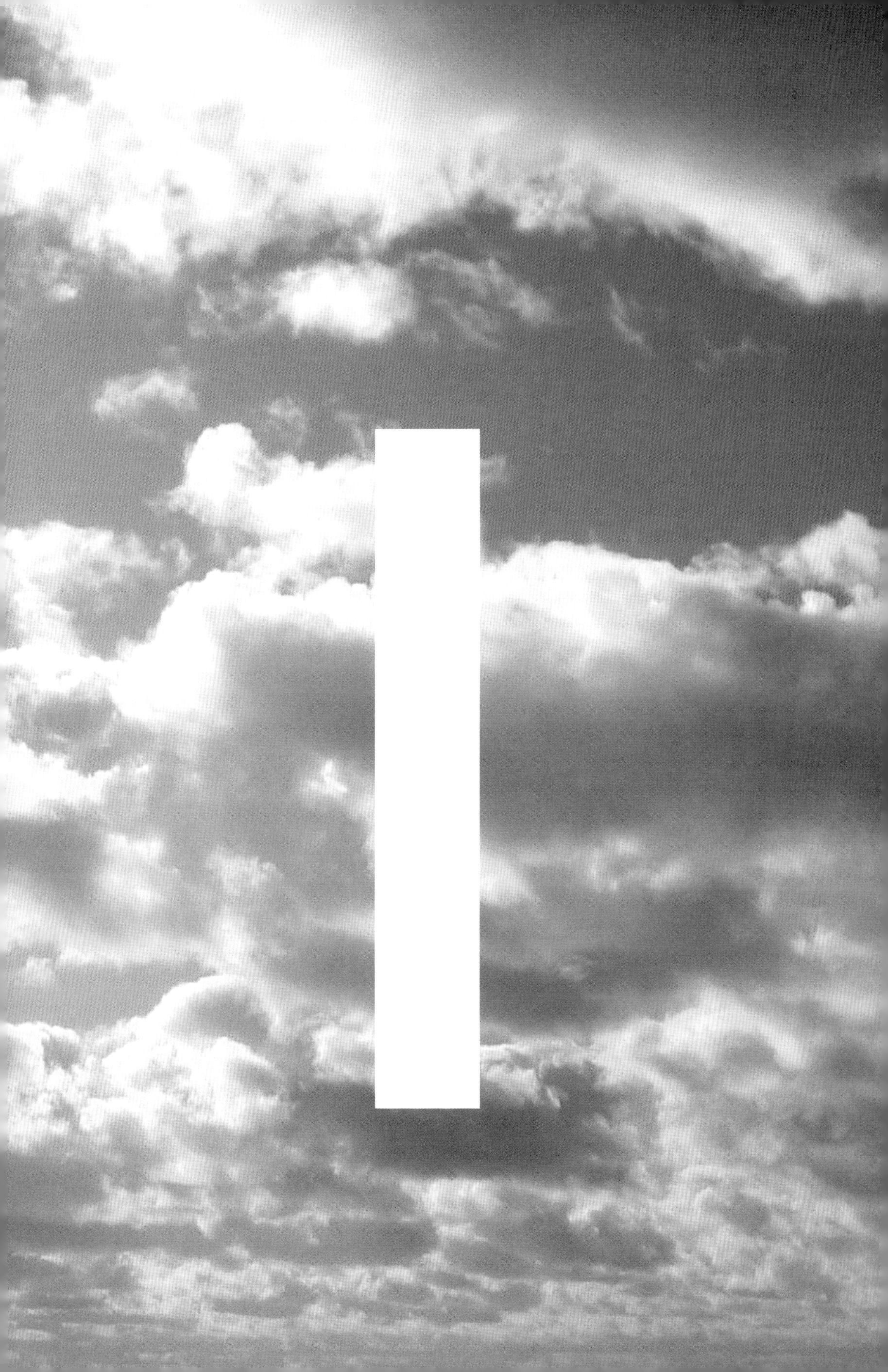

ELEGANT ABER AUCH BÖSE

Marjan Unger

Ute Eitzenhöfer hat ein entspanntes Verhältnis zu Edelsteinen. Sie kennt sie, weiß wie temperamentvoll, kräftig oder bescheiden sich dieses Material zeigen kann. Aus ihrem Schmuck spricht keine falsche Ehrfurcht, nicht die Grundhaltung, dass man die Kostbarkeit von Edelsteinen durch ihre singuläre Verwendung in einem Schmuckstück zeigen müsse. Vielmehr entsteht durch die Unbefangenheit, mit der sie dieses Material verwendet, der Eindruck einer Selbstverständlichkeit im Umgang damit, der sogar dem Thema Kostbarkeit eher eine Absage erteilt. Es scheint, als gelinge es Ute Eitzenhöfer die »wahren« Farben erkennbar zu machen, das Leben und eben das Feuer in diesen Farben offen zu legen. Für sie spielt der von ihr wahrgenommene Charakter der Steine eine weitaus größere Rolle als ihr tatsächlicher Wert. Wenn sie mit der Arbeit an einem Schmuckstück beginnt, geschieht dies – intuitiv – mit einem Dialog, der in all seinen möglichen Ausformungen zu Tage treten kann. Es scheint, als könne sie mit ihren Steinen Witze machen, die Schönheit der unscheinbarsten zum Glänzen bringen und, wenn nötig, auch traurig mit ihnen sein oder mit ihnen streiten. Wenn man diese Schmuckstücke, oft Broschen, sieht, dann wird erkennbar, dass die Steine hier eine Heimat gefunden haben.

Es mag absurd erscheinen, Steinen solch menschliche Eigenschaften zuzuordnen. Aber das ist es nicht. Hier zeigt sich vielmehr, dass die Kreativität des Menschen ein Spiegel dessen ist, was ihn zum Menschen macht. Sich zu schmücken, ist die älteste Weise des Menschen, seine Ängste vor dem Unbekannten und seine Hoffnung auf Glück zu kanalisieren. Im Schmuck werden alle menschlichen Lüste und Laster sichtbar.

In Schmuckstücken aller Epochen, von der frühesten Zeit bis zu Arbeiten der Gegenwart, gibt es Dinge, die mich immer wieder berühren: eine fremde Spannung, eine Farbenpracht, die mir den Atem nimmt, Formen, die meine Gedanken auf die Reise schicken und Stücke, die Erinnerungen hervorrufen. Es gibt viele Konstanten im Schmuck, die immer wieder neu interpretiert werden (müssen).

Die Bestimmung eines Zierrats ist es, getragen zu werden. Als relativ kleiner Gegenstand muss er irgendwo am Körper seinen Platz finden. Dies verleiht ihm eine unverkennbare Intimität und lässt ihn trotz seiner eigenen Gegenständlichkeit auch eine gewisse Menschlichkeit widerspiegeln.
Menschen wollen offensichtlich Schmuck tragen, und selbst die kleinsten Stücke können eine große Bedeutung in sich bergen. Als Ausdruck des grundlegenden menschlichen Bedürfnisses nach Schmuck und Verzierung symbolisieren sie die Freude am Leben. Dies ist nicht ihre einzige Aufgabe. Seit frühesten Zeiten sehen die Menschen sich mit der Verletzlichkeit ihrer irdischen Existenz konfrontiert. Sie haben ihre Ängste und Hoffnungen in Überlebensstrategien transformiert, in Religion, in Lebens- und Zusammenlebensformen.
Schmuck entspricht gleichermaßen dem Bedürfnis der Menschen nach Zeichen, die ihre Ängste in Bahnen lenken, sich einander zu präsentieren und der Welt erhobenen Hauptes entgegen zu treten.
Auch die Liebe zu Schmuck ist etwas, was immer wieder bestätigt und interpretiert werden muss. Schmuckstücke sind verführerisch, dafür werden sie gemacht. Man kann dem äußeren Zauber erliegen und aus persönlichen Beweggründen impulsiv allerlei Bemerkungen über Schmuck von sich geben, aber man kann auch etwas tiefer schürfen. Jede Zeit, jede Kultur und jeder schöpferisch Tätige erzeugen eigene Formen und Bedeutungen. Dies sind fast immer Spielarten der universellen Werte des Zierrats. Deshalb bin ich Schmuckgestaltern so dankbar, die in ihren Arbeiten das Vertraute und zur selben Zeit die Neugier materialisieren.
Wichtig am Schmuck ist allgemein die offenkundige Schönheit, am liebsten vermischt mit tieferen Schichten wie Unruhe, versteckten Erinnerungen, Körperbewusstsein, sozialen Bedürfnissen und finanziellen Sicher- oder Unsicherheiten. Was fesselt, ist das Spannungsfeld zwischen der Intimität und der Reichweite der Mitteilung des Zierrats. Richtige Schönheit ist niemals eindeutig. Der Schmuck eines Künstlers soll nicht einfach nur eine Antwort sein, er soll Fragen stellen.
Ute Eitzenhöfer liebt am meisten prozessorientiertes Arbeiten. Sie arbeitet mal kontemplativ, mal schnell, immer konzentriert und fokussiert auf die unterschiedlichen Bausteine, die sie benutzen kann. In ihren Arbeiten wird eine Entwicklung sichtbar, in der Stein immer wichtiger wird.
2002 entstand eine Serie von Arbeiten, die die Welt der Kosmetik hinterfragen. Hier wurde ein sich geradezu aufdrängendes Thema für Schmuck bearbeitet. Kosmetische Produkte werden, ebenso wie Schmuck, immer

vom Versprechen der Schönheit begleitet – und mit Broschen aus Kosmetikverpackungen lässt sie dieses Versprechen Realität werden. Typischen rosa- und anderen pastellfarbigen Kunststoffverpackungen gibt sie eine zeitaufwändige Gravur, die die harte Oberfläche des Kunststoffs so verändern, dass er auf den ersten Blick nicht mehr als solcher zu erkennen ist. Die Broschen besitzen oft einen Edelstein, der mit seinem Glanz die Verführung ebenso widerspiegelt wie die Versprechen, denen wir bei der Verwendung kosmetischer Produkte erliegen.

In den Arbeiten aus dem Jahr 2007 wird die Eigenwilligkeit der von ihr verwendeten Edelsteine sichtbar: sie verwendet glattes oder facettiertes, natürliches oder synthetisches, altes oder neues Material gleichberechtigt nebeneinander. Fundstücken und Steinen mit alten Schliffen, die aus dem Brennpunkt des Marktes geraten sind, wird in ihrem Schmuck ein Eigenwert zurückgegeben. Sie werden somit von ihrem bisher verborgenen und unscheinbaren Dasein erlöst und behutsam einer neuen Verwendung in kontemporärem Schmuck zugeführt.

Für Ute Eitzenhöfer ist Lesen einer der Schlüssel, um Fragestellungen für ihre eigene Arbeit zu finden. Sie hat viel gelesen, die großen Autoren, Bücher über Themen wie Wahrnehmung, Schönheit, Einfachheit oder eben Faulheit, wenn sie fand, dass sie zu viel gearbeitet hatte. Was ebenso viel mit ihrem Schmuck zu tun hat, sind Gedichte: Rainer Maria Rilke, Paul Eluard, Ingeborg Bachmann. Neben Büchern, die die Welt kühl und rational erklären, sind Gedichte für sie ein Weg, sich die Welt fühlend zu erschließen. Im Grunde genommen ist sie eine Romantikerin. Sie stellt in ihren Stücken die Frage nach Werten und arbeitet mit dem Begriff der Vergänglichkeit, mit dem Verhältnis zwischen Perfektion und Verletzlichkeit, mit dem Kontrast zwischen Natur und Artifiziellem – Edelsteine werden gefasst in Plastik, Teures wird kombiniert mit Wegwerfsachen.

Ihr Schmuck entsteht lange Zeit in Gruppen; in jeder Gruppe hat jedes Stück seinen eigenen Charakter in Bezug auf die »anderen«. Ihre Arbeiten könnten Figuren sein, fast könnte man sagen, man könnte eine Party mit ihnen feiern – die eine hat schöne Haare, der andere hat ein gutes Herz, worauf man bauen kann, der dritte bringt immer was Gutes zum Essen mit, es gibt Außenseiter und einige sind so rücksichtslos, dass sie fast schon kriminell sind. Oft zeigt sich der wahre Charakter der Stücke erst, wenn sie fertiggestellt sind. Mal entstehen Stücke mit großer Leichtigkeit, mal ist es fast unendlich schwer. Die Arbeiten bringen oft Dinge zum Vorschein, die bis dahin noch im Unbewussten verborgen waren.

Ein anderer wichtiger Punkt in Ute Eitzenhöfers Arbeiten ist Farbe. Unter ihren Kolleginnen und Kollegen könnte man sie als eine Malerin charakterisieren. In der Verwendung verschiedenster Materialien findet sie eine reiche Palette. Sie spielt mit den Temperamenten der Farben; die Kombinationen in ihren Stücken sind elegant, hoffnungsvoll oder mädchenhaft oder sie sind traurig, ja beunruhigend. Und auch in ihren Formen gibt es eine ursprüngliche Harmonie, die oft bewusst gestört wird. Betrachtet man die Arbeiten der letzten zehn Jahre, so sind sie im Laufe der Zeit klarer geworden. Es hat sich die Freiheit eingestellt, das Ungewohnte zu realisieren. Seit Ute Eitzenhöfer anfing mit Kunststoff zu arbeiten, ist die Farbenpracht ihrer Arbeiten gewachsen. Das Freche in ihren Arbeiten der letzten vier Jahre kann als ein Spiegel der sozialen und ökonomischen Turbulenzen betrachtet werden. Was ich bemerkenswert finde, ist, dass sie eine Kraft besitzen, die die einzig richtige Antwort auf die großen Fragen unserer Zeit zu sein scheint. Mit Schmuck sind diese Fragen nicht lösbar, aber es ist durchaus legitim sie zu stellen und Widerspruch zu demonstrieren.
In Ute Eitzenhöfers Schmuck finden sich nicht das formal Vage und die Formlosigkeit wieder, die so oft zeitgenössischen Schmuck charakterisieren. Stattdessen gibt es saubere Kontraste in Formen, Materialien und Farben. Ihre Formen sind klar, ihre Proportionen sind sicher und ausgewogen. Ihre Arbeiten können elegant aber auch böse sein. Sie wählt Steine, die heute nicht mehr gängig oder beliebt sind, und kreiert mit dieser Provokation etwas Schönes.
Was mich verwundert, ist, dass man ihren Schmuck oft größer in Erinnerung behält, als er tatsächlich in Wirklichkeit ist. Die Zusammenhänge sind oft unerwartet, beinahe irritierend. Ute Eitzenhöfer erhebt mit ihren Arbeiten keinen Anspruch auf viel physischen Raum, ihr Eigensinn ist allein eine Sache des künstlerischen und mentalen Anspruchs.

ELEGANT BUT ALSO MALICIOUS

Marjan Unger

Ute Eitzenhöfer has a laid-back relationship with precious stones. She knows them, knows how spirited, powerful or modest this material can be. Her jewellery does not speak of false awe, of the attitude that the preciousness of precious stones must be showcased by using them singularly in a piece of jewellery. On the contrary, the unselfconsciousness with which she uses this material creates an impression of casualness in dealing with it that even seems to reject the preciousness theme. Ute Eitzenhöfer seems to have succeeded in displaying their »true colours«, disclosing the life, and indeed the fire, in those colours. For Ute Eitzenhöfer, therefore, the character of stones as she perceives it plays a more important role than their material value.

When she starts working on a piece of jewellery, this takes place – intuitively – with a dialogue which can appear in all possible forms. She seems to be able to make jokes with her stones, to cause the beauty of the most modest of them to shine and, when necessary, also to be able to grieve or to argue with them. When you look at these pieces of jewellery, many of which are brooches, you see and realise that these stones have found a home here.

It may seem absurd to assign human qualities such as these to stones. But it isn't. Here, on the contrary, is shown that a person's creativity reflects, what makes him or her a human being. Adornment is man's most ancient way of channelling his fears of the unknown and his hopes of good fortune. All human desires and vices become visible in jewellery.

There are things about jewellery from all periods, from the earliest times to contemporary pieces, that never cease to move me and are always stirring: an alien tension, a magnificence of colour that takes my breath away, forms that whisk my thoughts away on trips and pieces that elicit memories. There are many constants in jewellery to (that must) be constantly redefined.

The destiny of adornment is to be worn. As a relatively small object, jewellery must find a place somewhere on the wearer's body. This lends it an unmistakable intimacy and makes it, despite its object quality, reflect a certain degree of humanity.

People evidently want to wear jewellery and even the smallest pieces can be of great significance. As the expression of a basic human need for jewellery and adornment, they symbolise joie de vivre. This is not their only task. Since time immemorial, human beings have been faced with the vulnerability of their earthly existence. They have transformed their fears and hopes into survival strategies, into religion and lifestyles and communal forms of living.

Jewellery corresponds both to men's need for signs that channel their fears about presenting themselves to each other and about how to confront the world with their heads held high.

Love for jewellery is another thing that must be constantly re-affirmed and redefined. Pieces of jewellery are tempting; that is what they are made for. One can succumb to their external enchantment and from personal motives impulsively make all sorts of remarks about jewellery but one can also delve somewhat deeper. Every age, every civilisation and every person engaged in creative work produces forms and meanings of their own. Those are almost always variations on the universal values of adornment. That is why I am so grateful to jewellery designers for materialising familiarity and at the same time curiosity in their works.

What is in general important about jewellery is its obvious beauty, best of all when it is blended with deeper layers such as disquiet, hidden memories, body consciousness, social needs and financial security or insecurity. What is so captivating about it is the charged field between intimacy and the range of what the adornment has to convey. Real beauty is never unambivalent. An artist's jewellery should not be merely an answer; it should pose questions.

What Ute Eitzenhöfer loves most about jewellery is the process of making it. Sometimes she works with deliberation, at others rapidly, always with concentration and awareness of the different building blocks she can use. A development that shows up in her work is the growing importance of stones.

In 2002 she produced a series of works calling the world of cosmetics into question. Here a subject was dealt with that is obviously crying out for critical treatment. Cosmetic products, like jewellery, are always accompanied by promises of beauty and Ute Eitzenhöfer makes this promise come true with brooches made of cosmetics packaging. She spends a lot of time engraving plastic packaging that comes in typical shades of pink and other pastel tints, thus changing the hard surface of the plastic to such an extent that it is no longer recognisable at first glance.

These brooches often possess a stone, which in all its glory reflects seduction like the promises we succumb to in using cosmetic products.

The works she produced in 2007 reveal the idiosyncrasies of the precious stones she has chosen to use: she uses smooth and faceted, natural and synthetic, old and new materials on the same footing. Objets trouvés and stones with old-fashioned cuts which are no longer the focus of the jewellery market are given back an intrinsic value of their own in her jewellery. Thus they have been redeemed from the hidden and modest existence they had led up to the point when she sensitively found a new use for them in contemporary jewellery.

To Ute Eitzenhöfer, reading is a key to finding issues to inform her own work. She has read widely, the great writers, the most important books on themes such as perception, beauty, simplicity and also even laziness, when she found that she had worked too much for a while. What has also much to do with her jewellery is poetry: Rainer Maria Rilke, Paul Eluard, Ingeborg Bachmann. Compared with books that explain the world in cool, rational terms, poems are for her a way of exploring the world emotionally.

Basically she is a romantic. In her pieces she poses the question of value and works with the concept of perishability, with the relationship between perfection and vulnerability, with the contrast between nature and synthetics – precious stones are set in plastic; expensive things are combined with throwaway débris.

For a long time her jewellery was made in groups; in each group, each piece had a character of its own distinguishing it from "the others". Her works might be figures; one might be tempted to say one could throw a party with them – one figure has beautiful hair, another a good heart so is reliable. A third always takes along something good to eat. There are outsiders and some are so inconsiderate that they are almost criminal. The true character of such pieces often showed up only after they had been finished. Sometimes pieces emerge with great ease, sometimes the process is almost infinitely heavy. The works often reveal things which until they were made had been hidden in the subconscious.

Colour is another important factor in Ute Eitzenhöfer's works. Should one wish to distinguish her from her colleagues, one might characterise her as a painter. She has found a rich palette by using such a wide variety of materials. She plays with the temperaments of colours; the colour combinations in her pieces are elegant, hopeful or girly or they are sad, even distressing. And in her forms there is a primal harmony that is, however, often disturbed. A look at the works shows that they have become clearer with time. The freedom to realise the unaccustomed has taken hold. Since Ute Eitzenhöfer began to work with plastic, her works have grown even more magnificently colourful. The cheekiness of her works of the past four years can be viewed as a mirror held up to social and economic turbulence. What I find so remarkable is that they possess a power that seems to be the only right response to the great issues of our time. Those problems cannot be solved with jewellery but it is certainly justifiable to pose those questions and demonstratively object with it.

The formal vagueness and even lack of form characterising so much contemporary jewellery are not encountered in Ute Eitzenhöfer's jewellery. Instead there are clean contrasts in forms, materials and colours. Her forms are clear, her proportions assured and harmonious.

Her works can be elegant but they can also be malicious. She opts for stones that are no longer popular today and with this provocative choice creates something beautiful.

What surprises me is that one often remembers her jewellery as being larger than it is in reality. And the context is often unexpected, almost disconcerting. With her work Ute Eitzenhöfer lays no claim to much physical space. She is unyielding only in her artistic and mental claims.

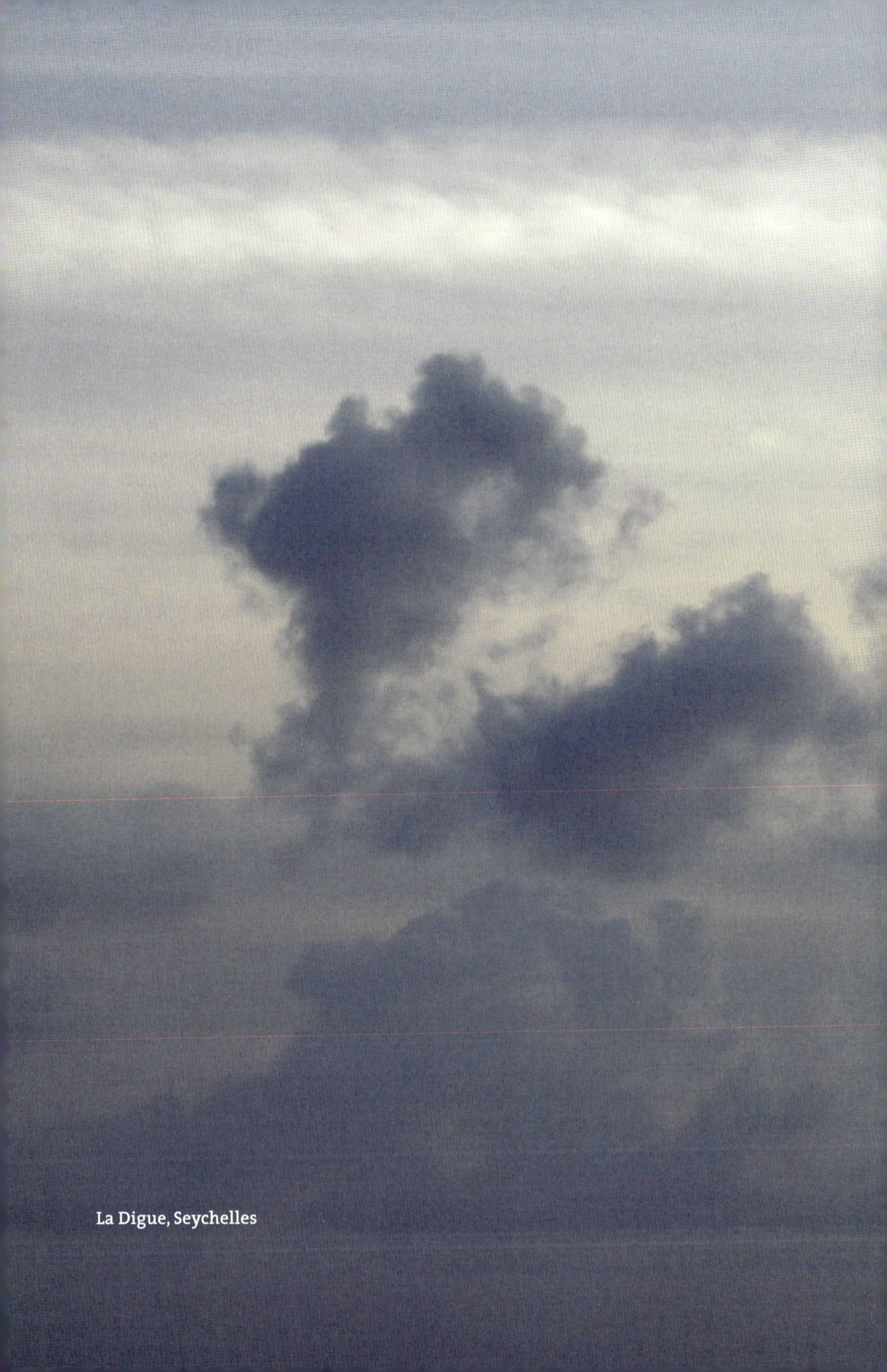
La Digue, Seychelles

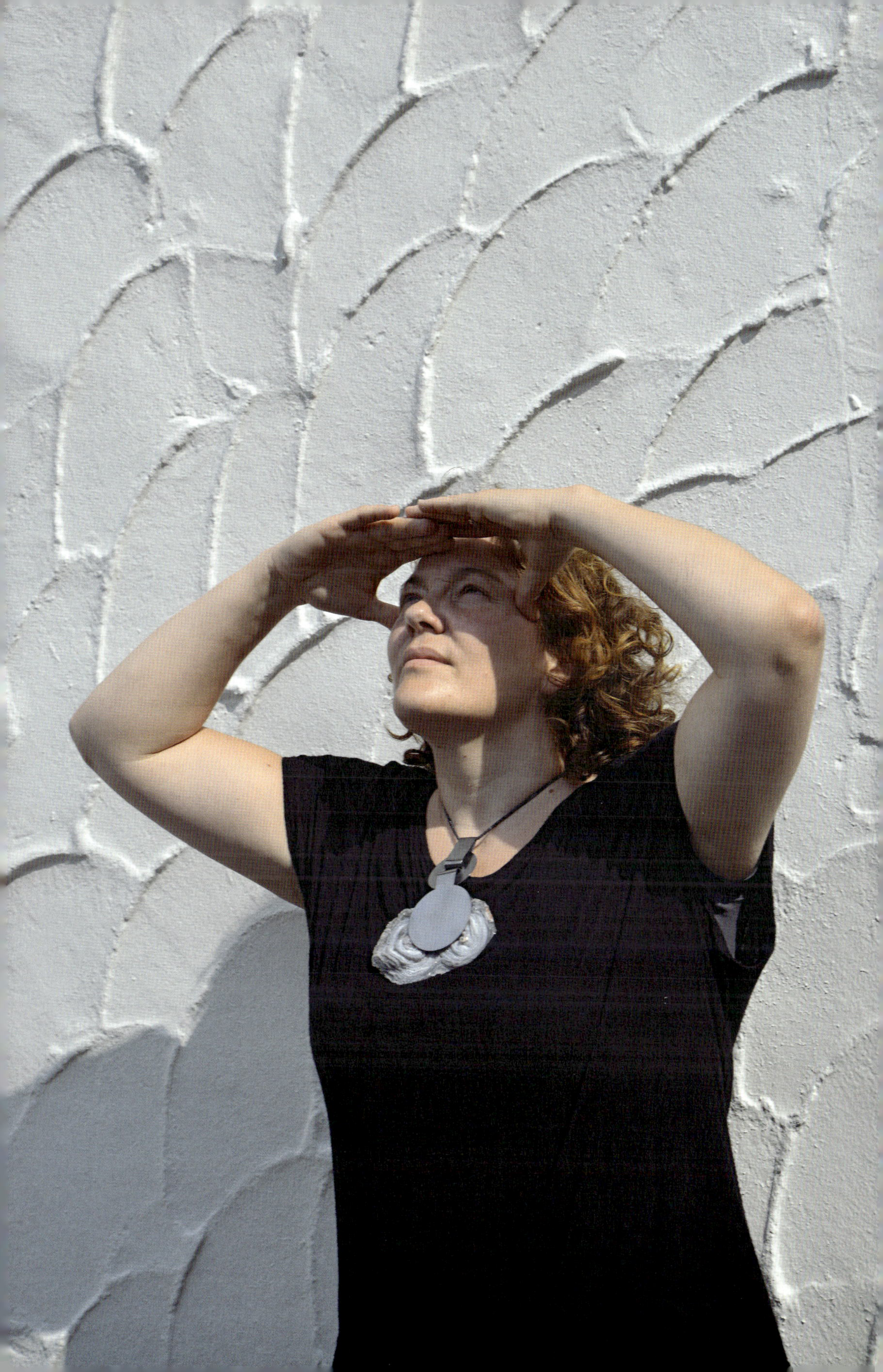

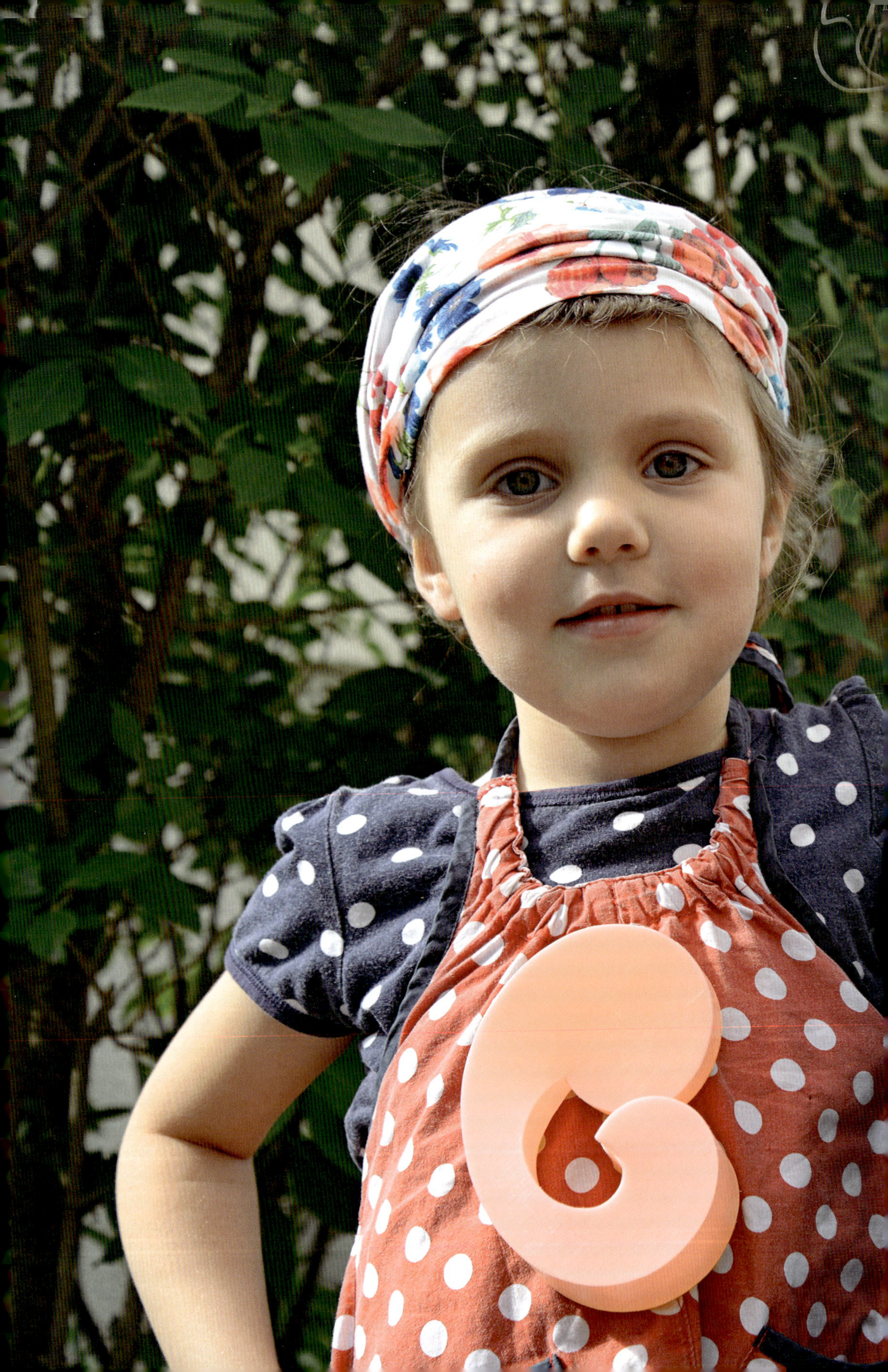

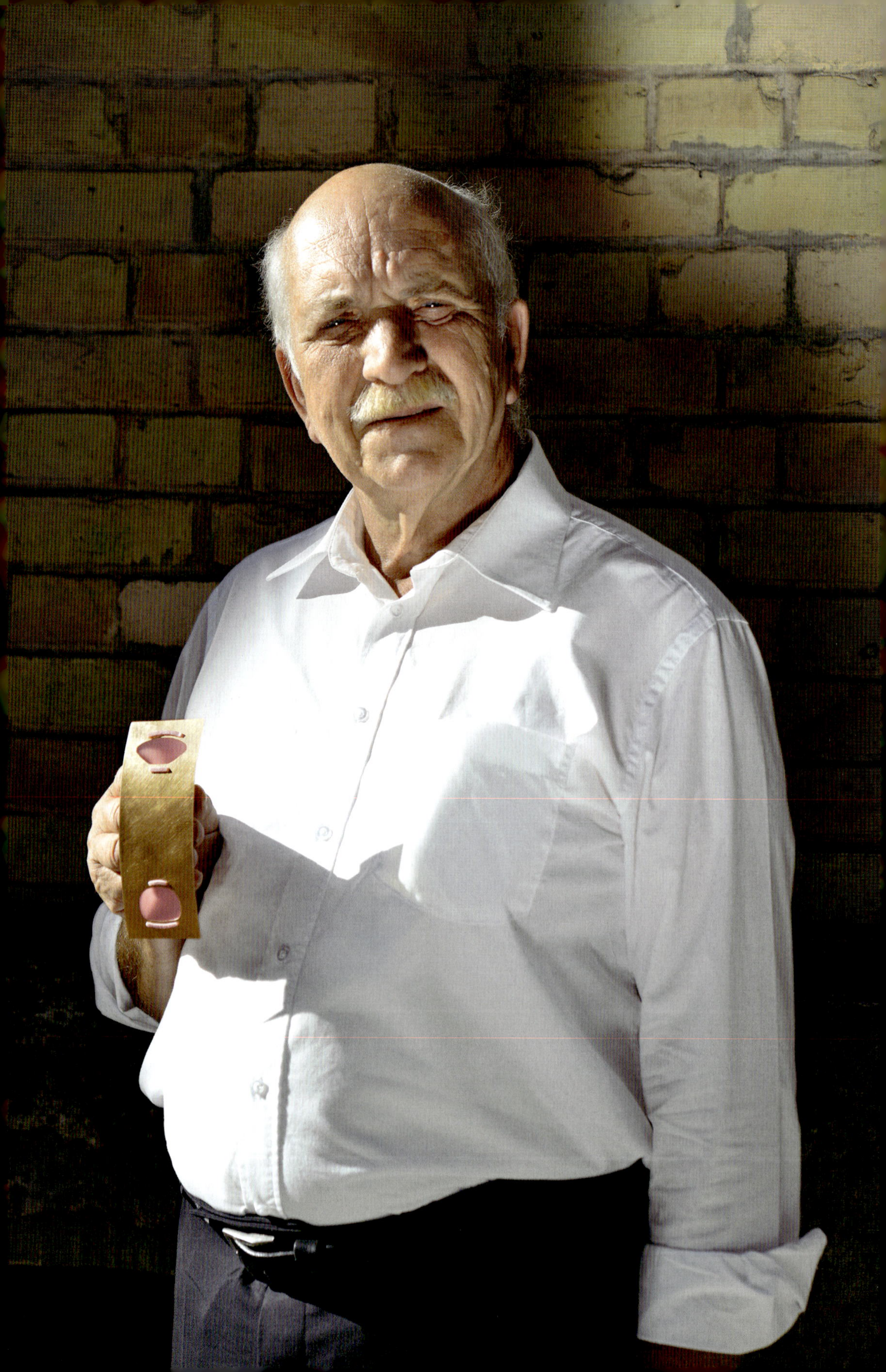

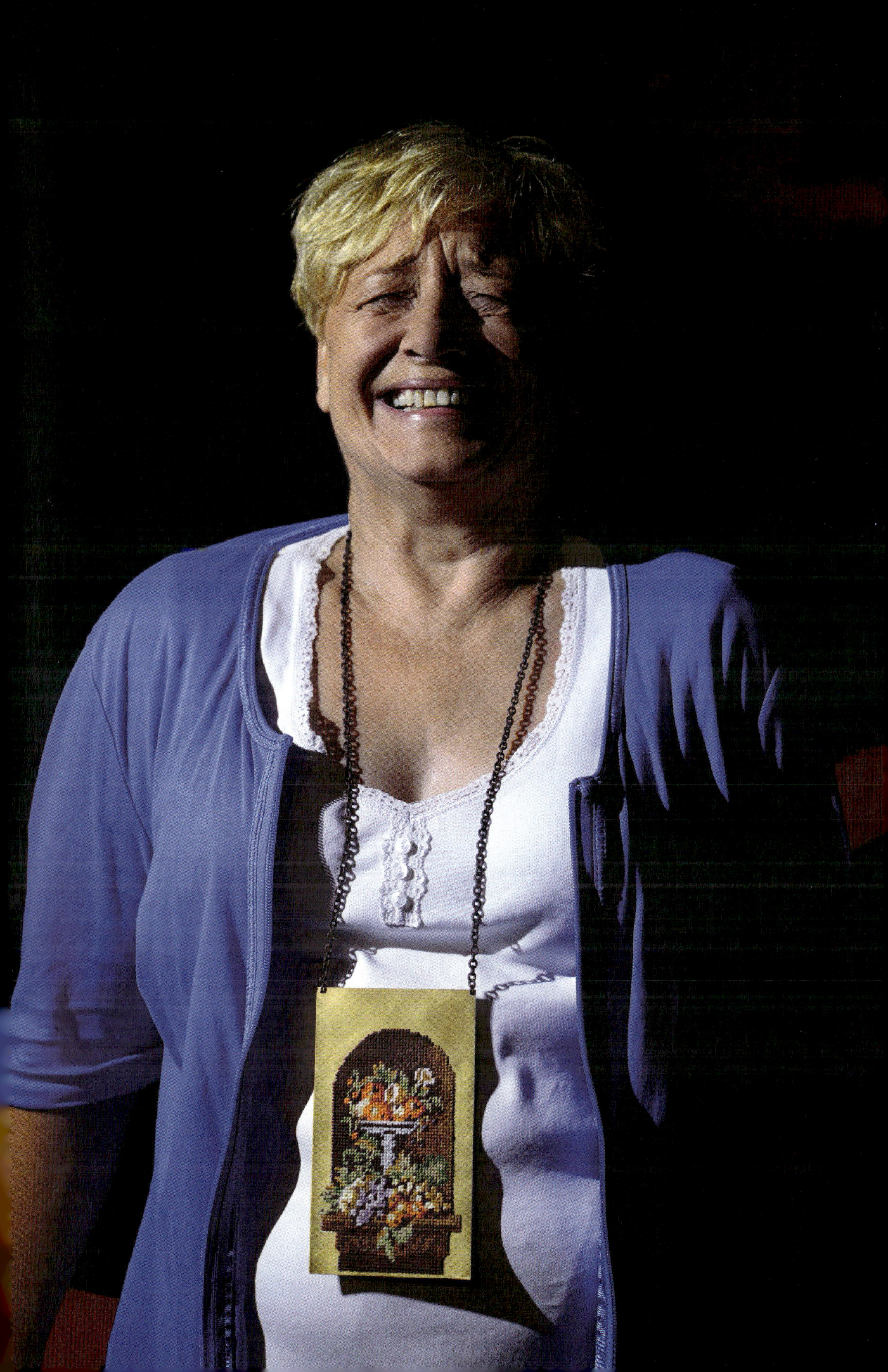

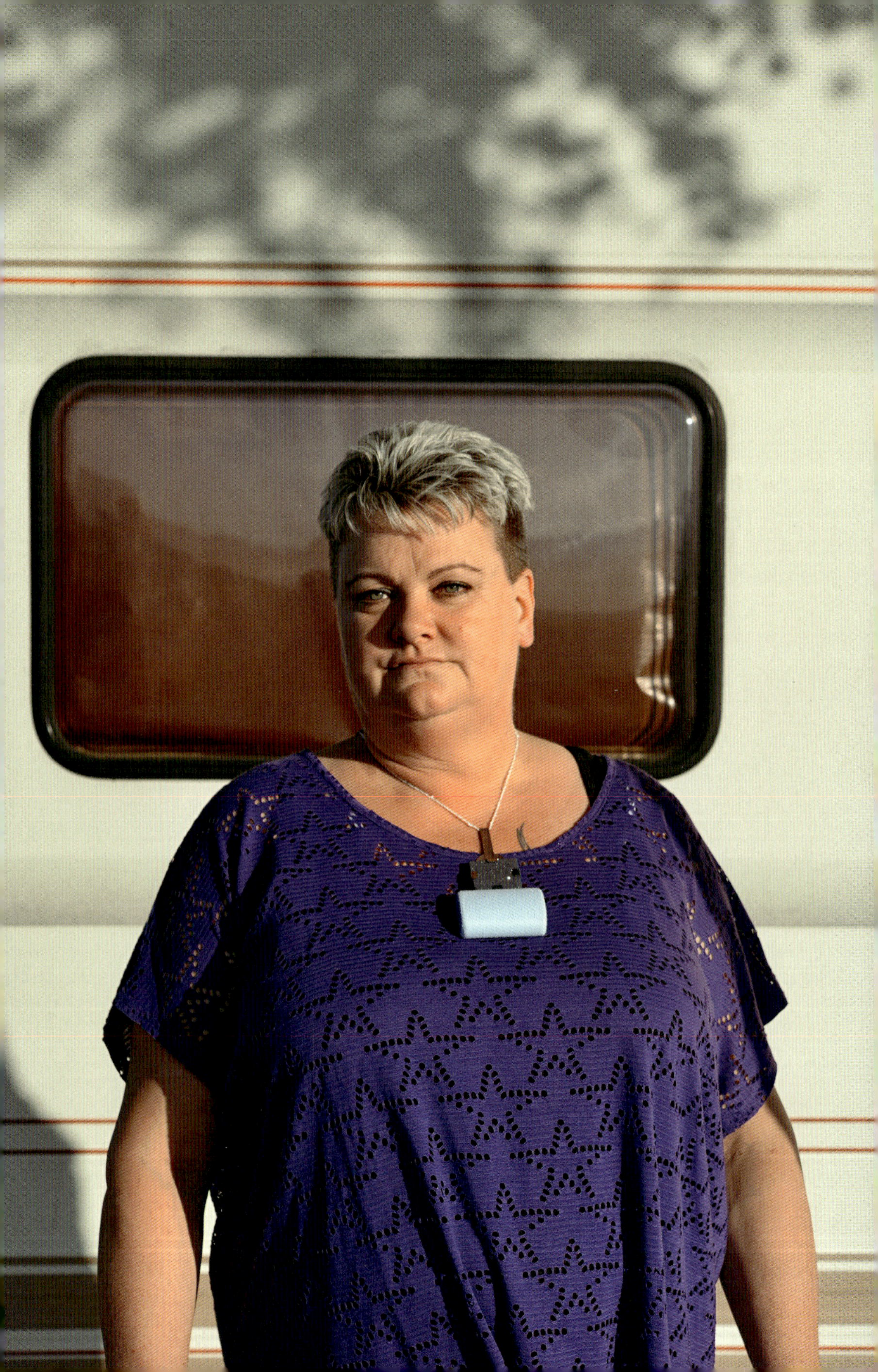

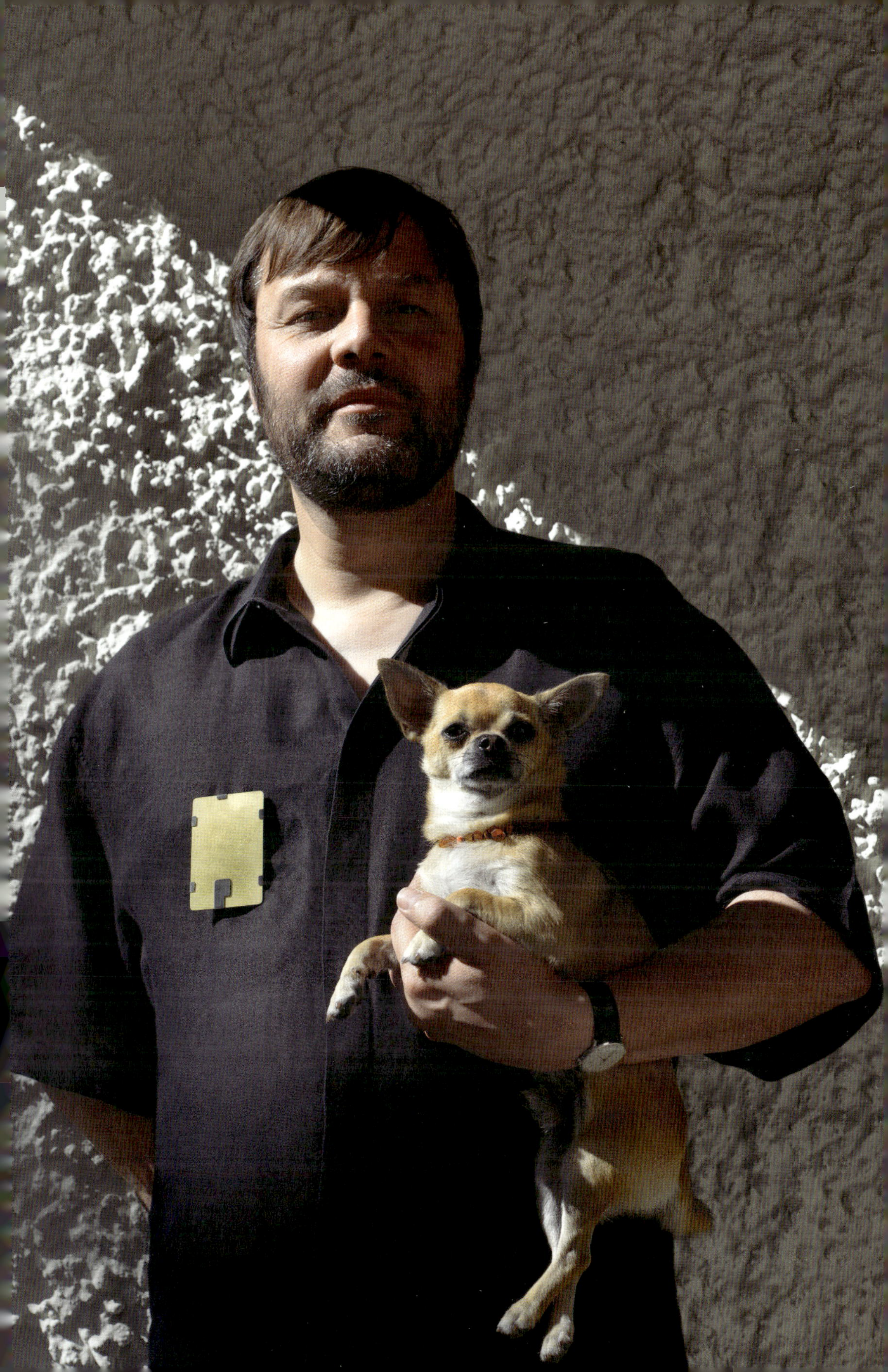

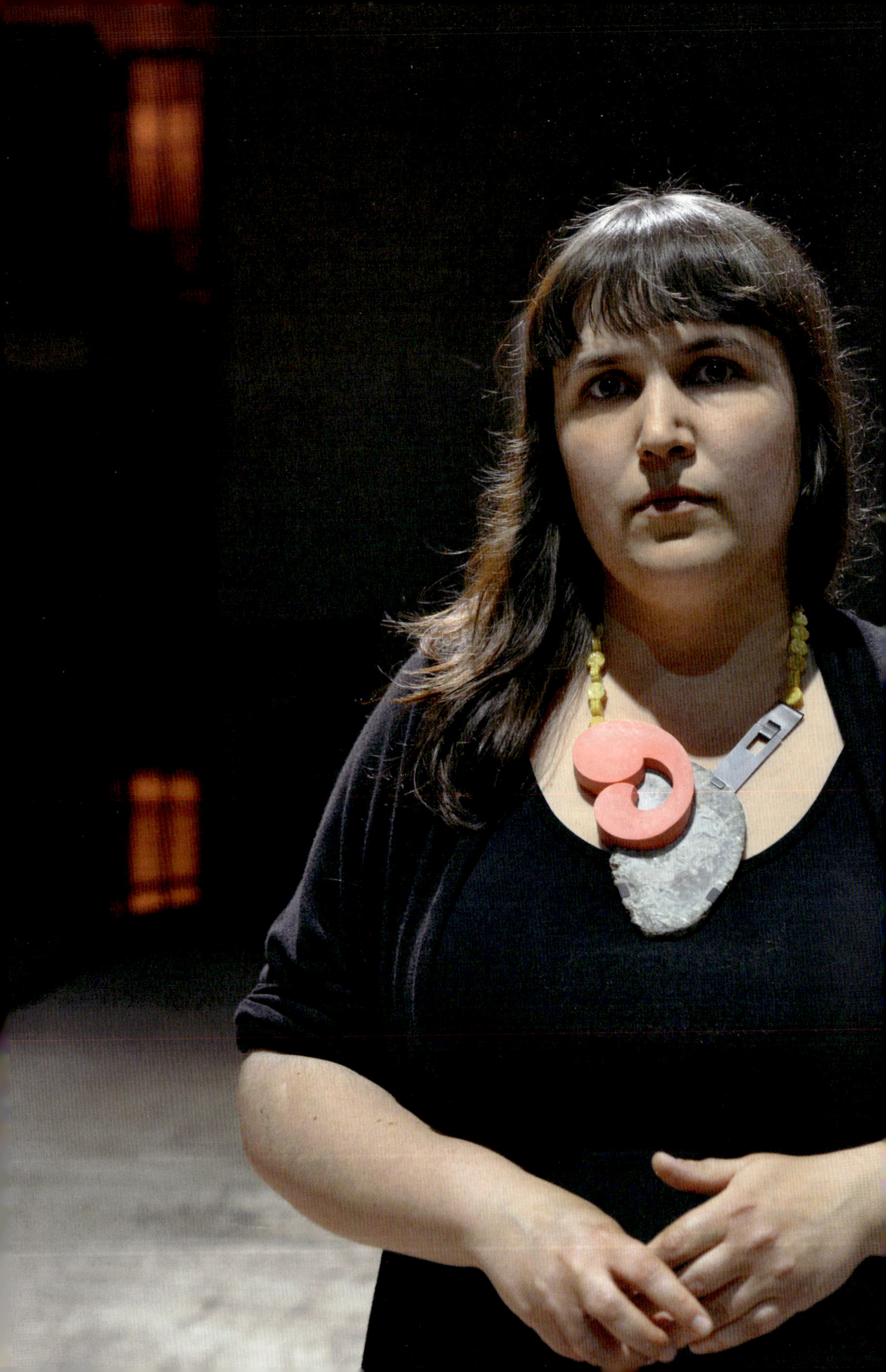

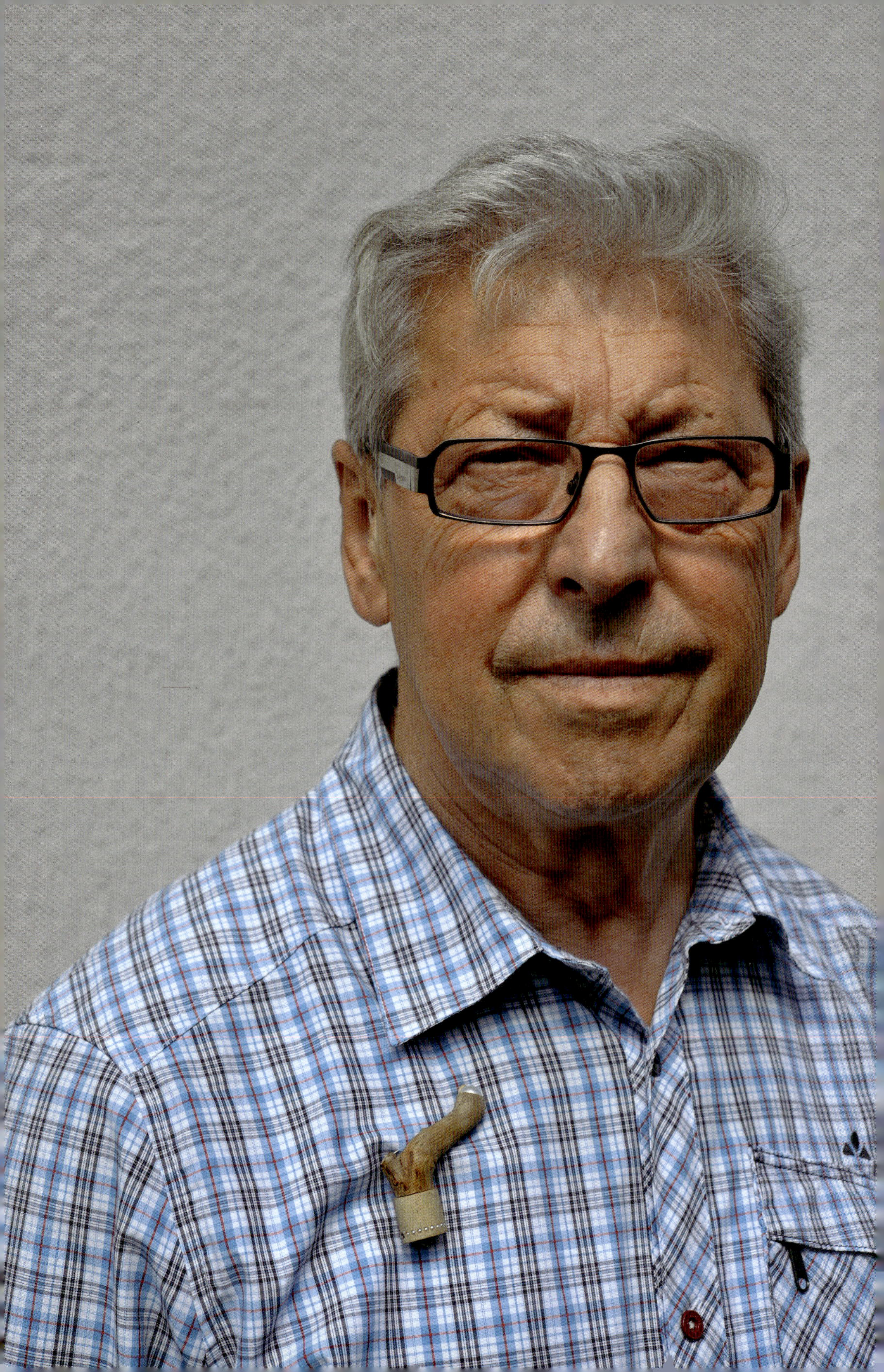

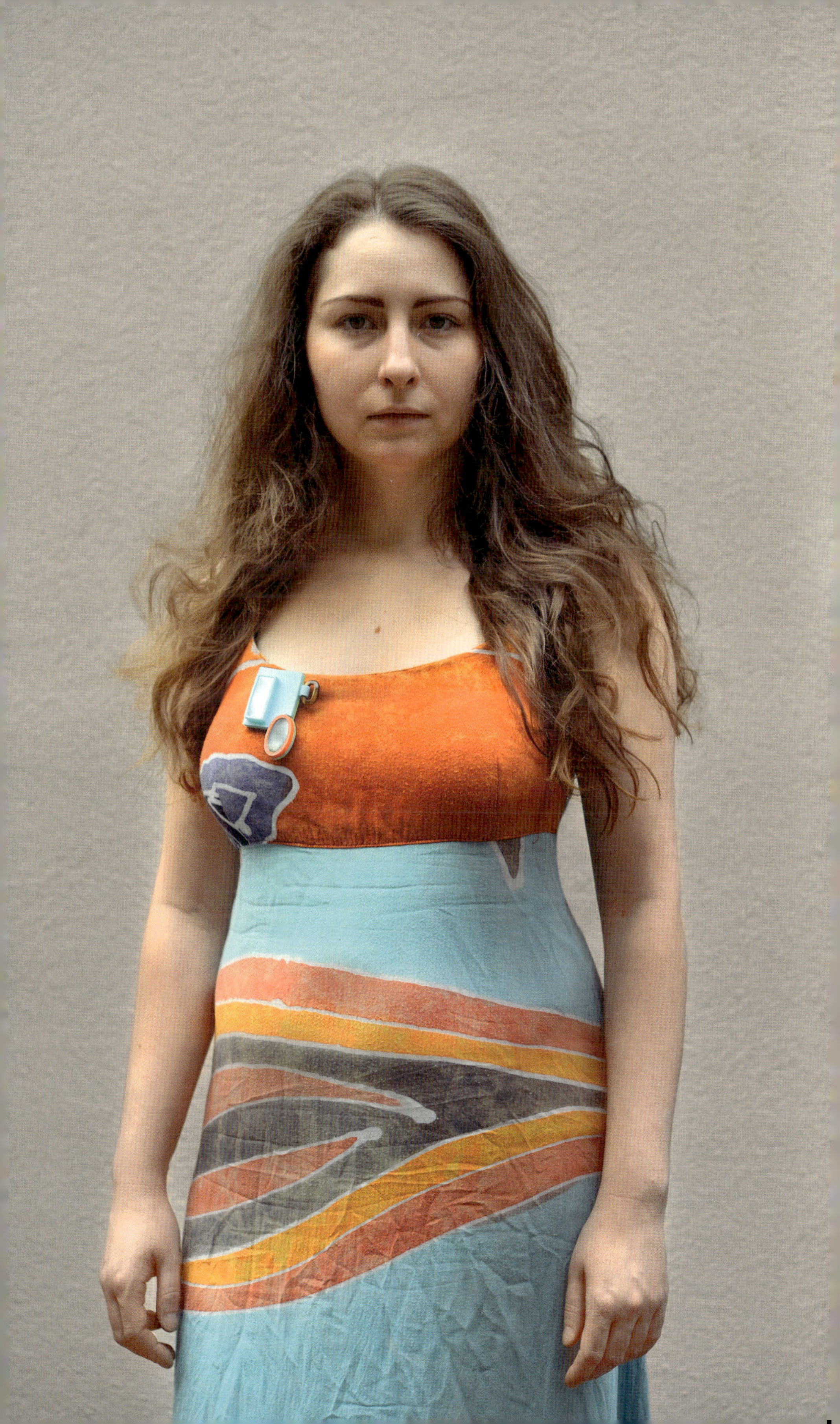

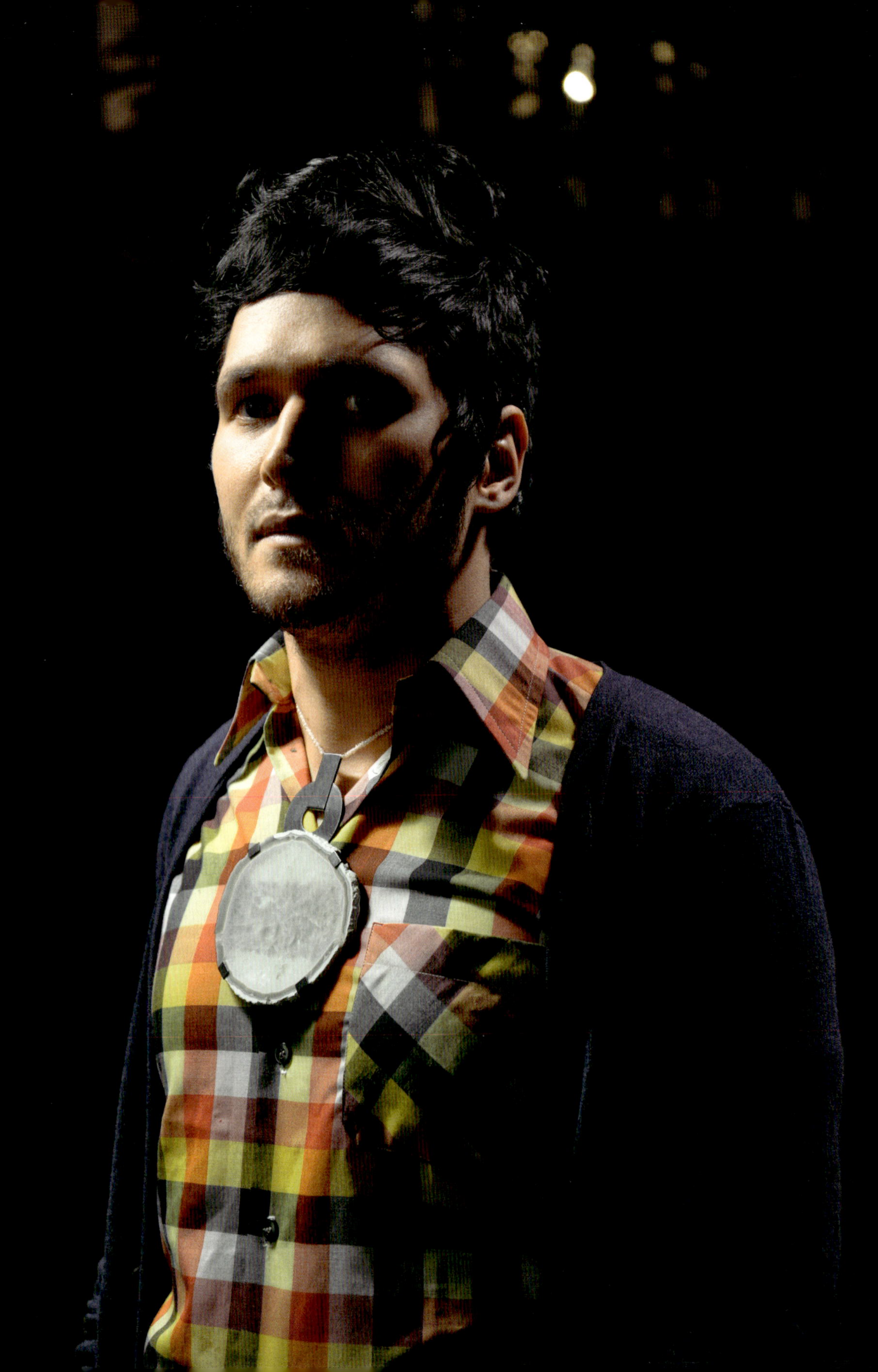

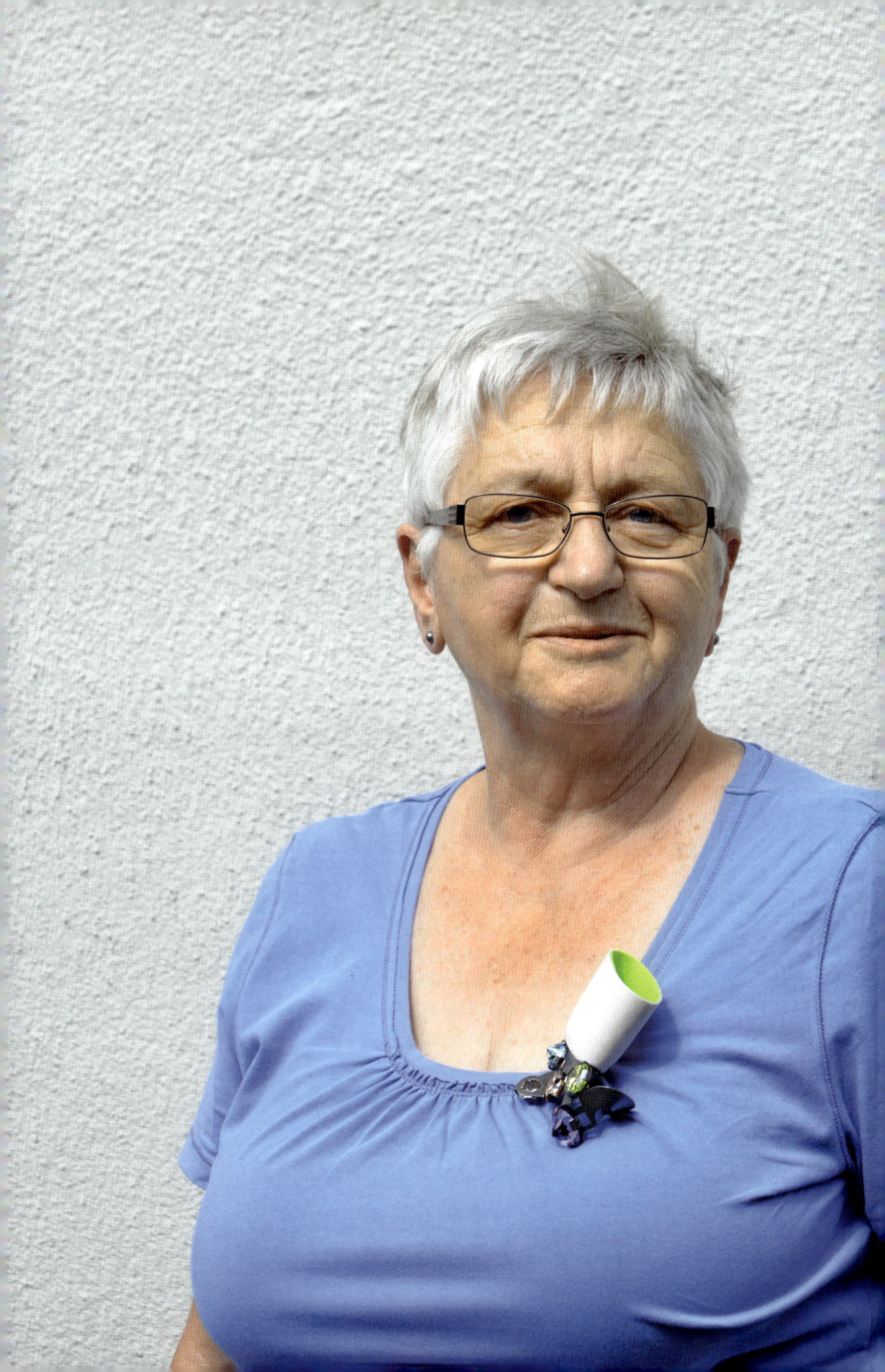

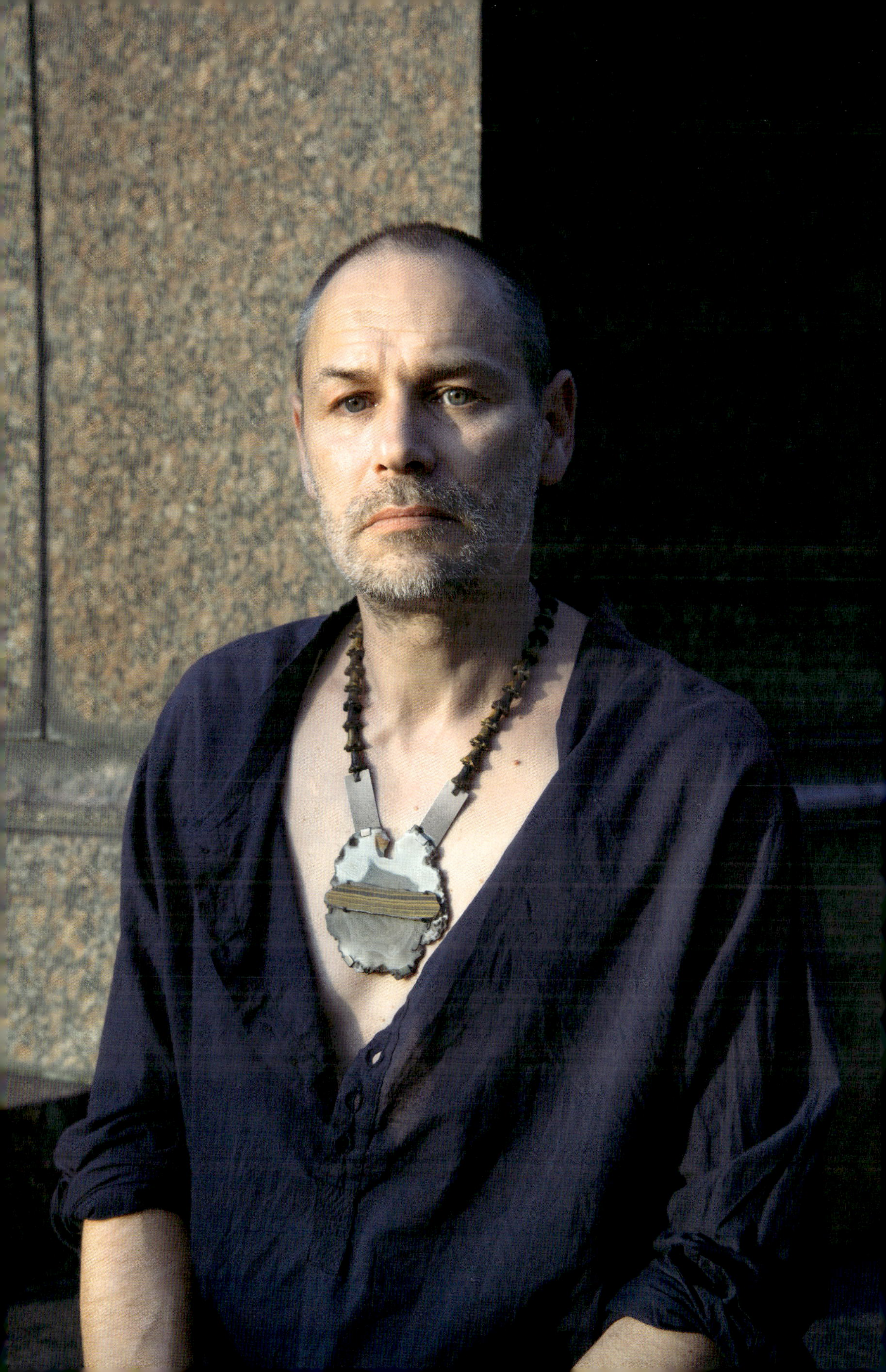

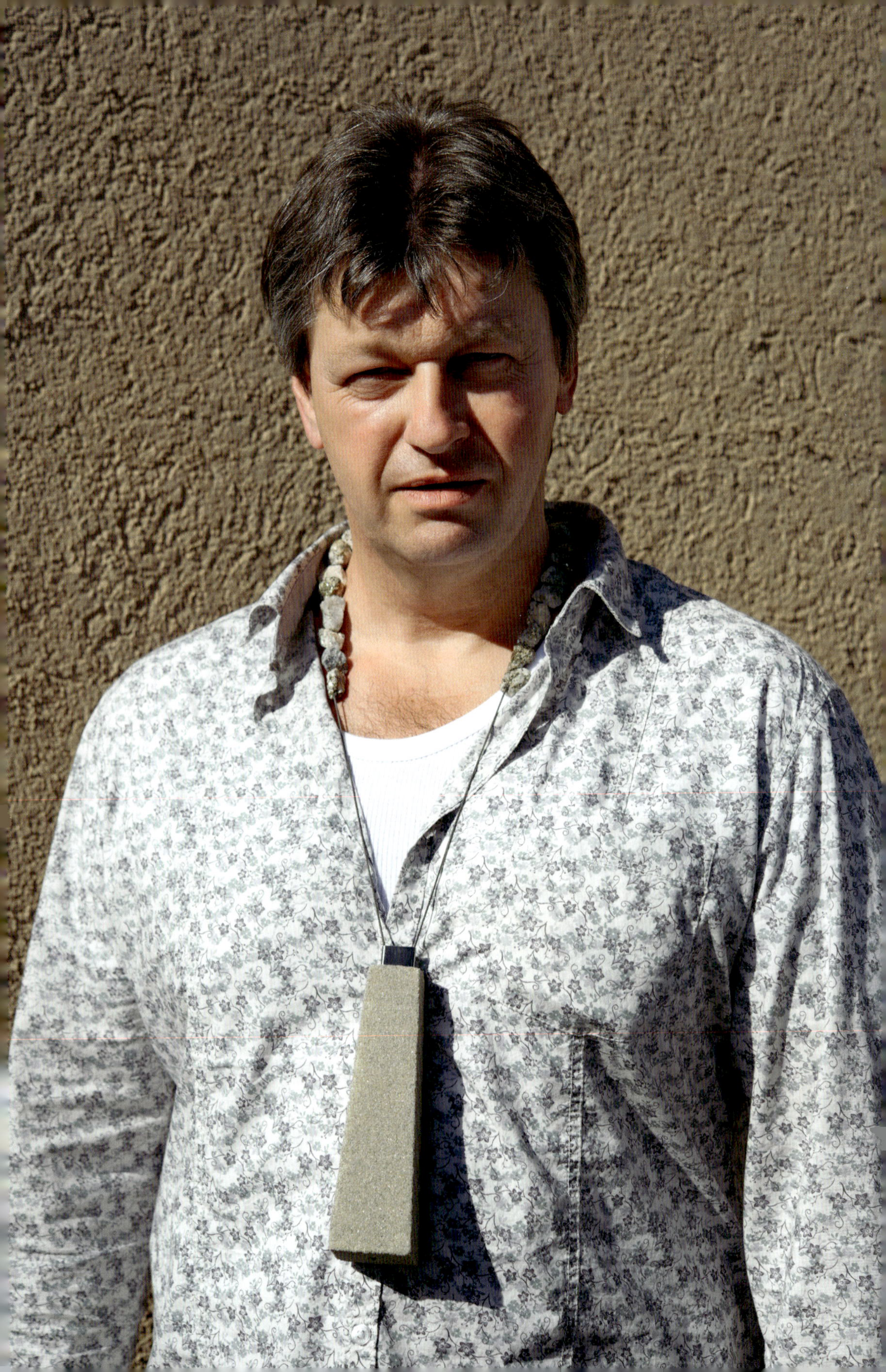

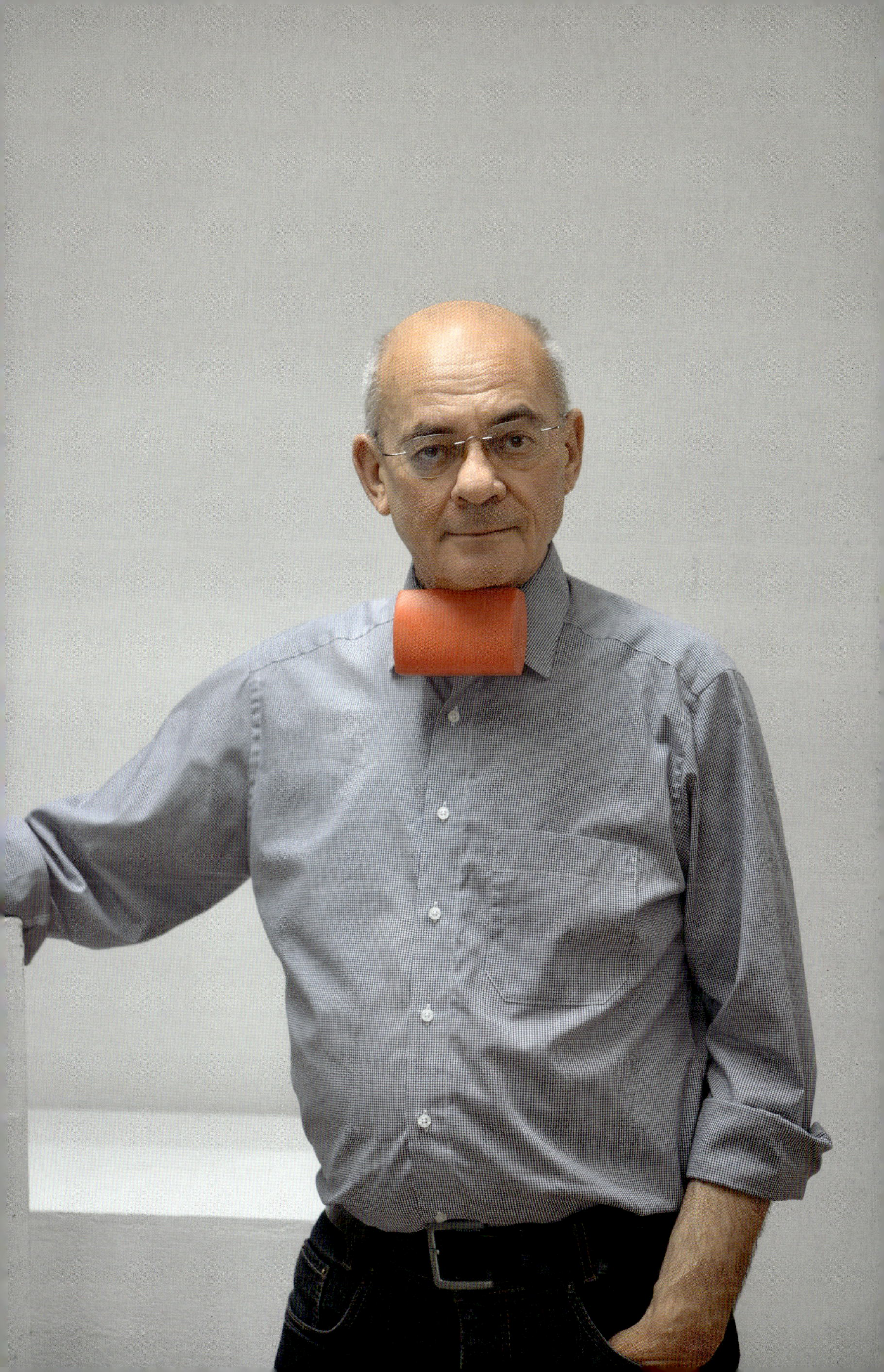

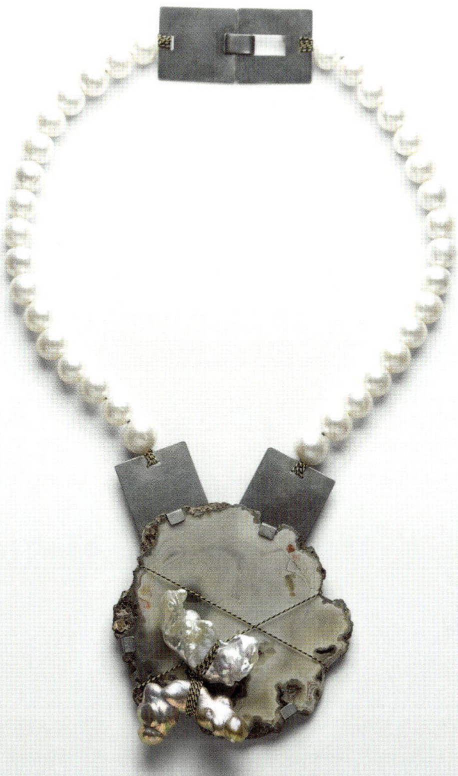

Was für Gewohnheiten haben Sie?

What habits do you have?

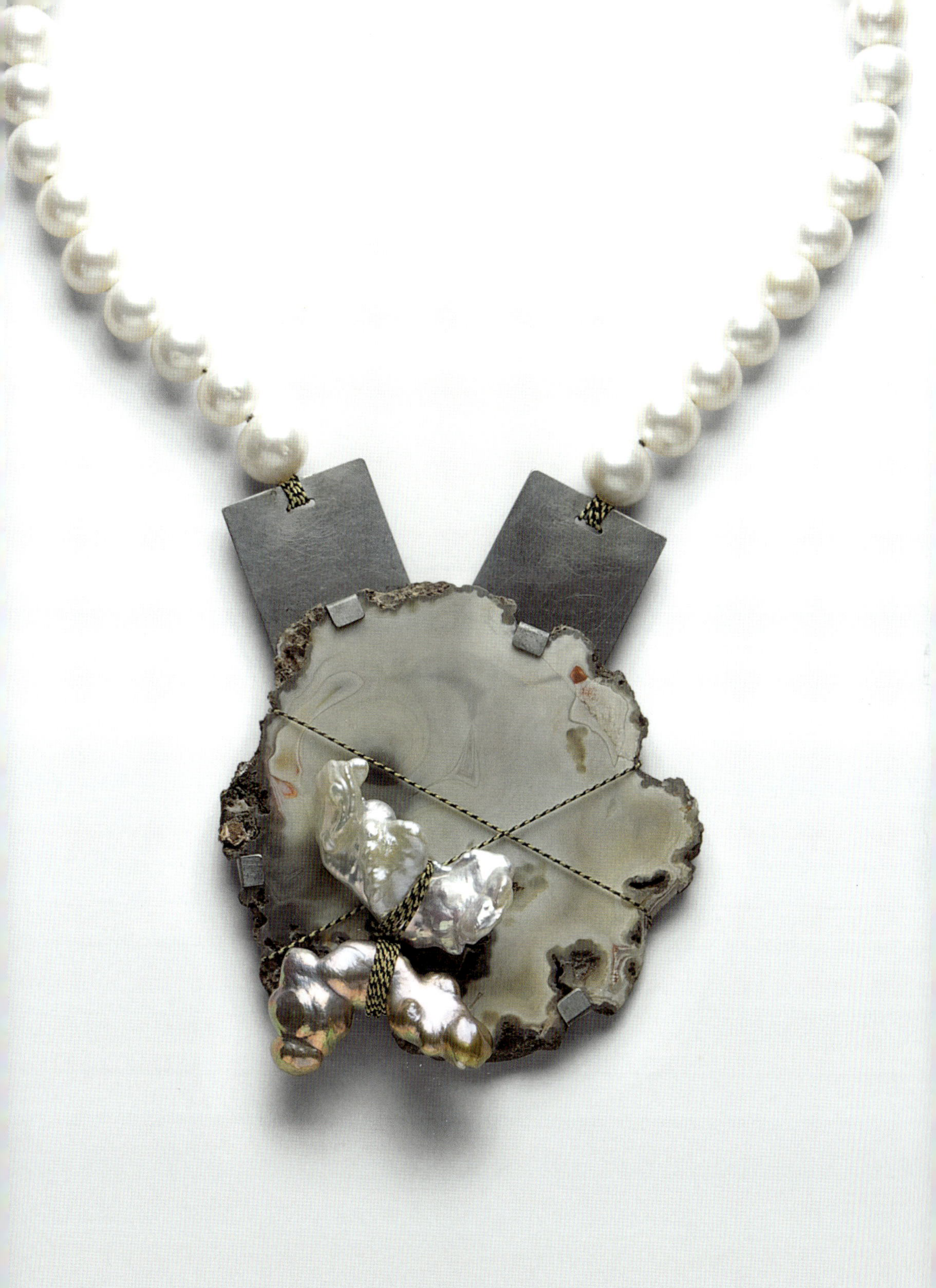

Essen Sie gerne Eis?
Do you like to eat ice-cream?

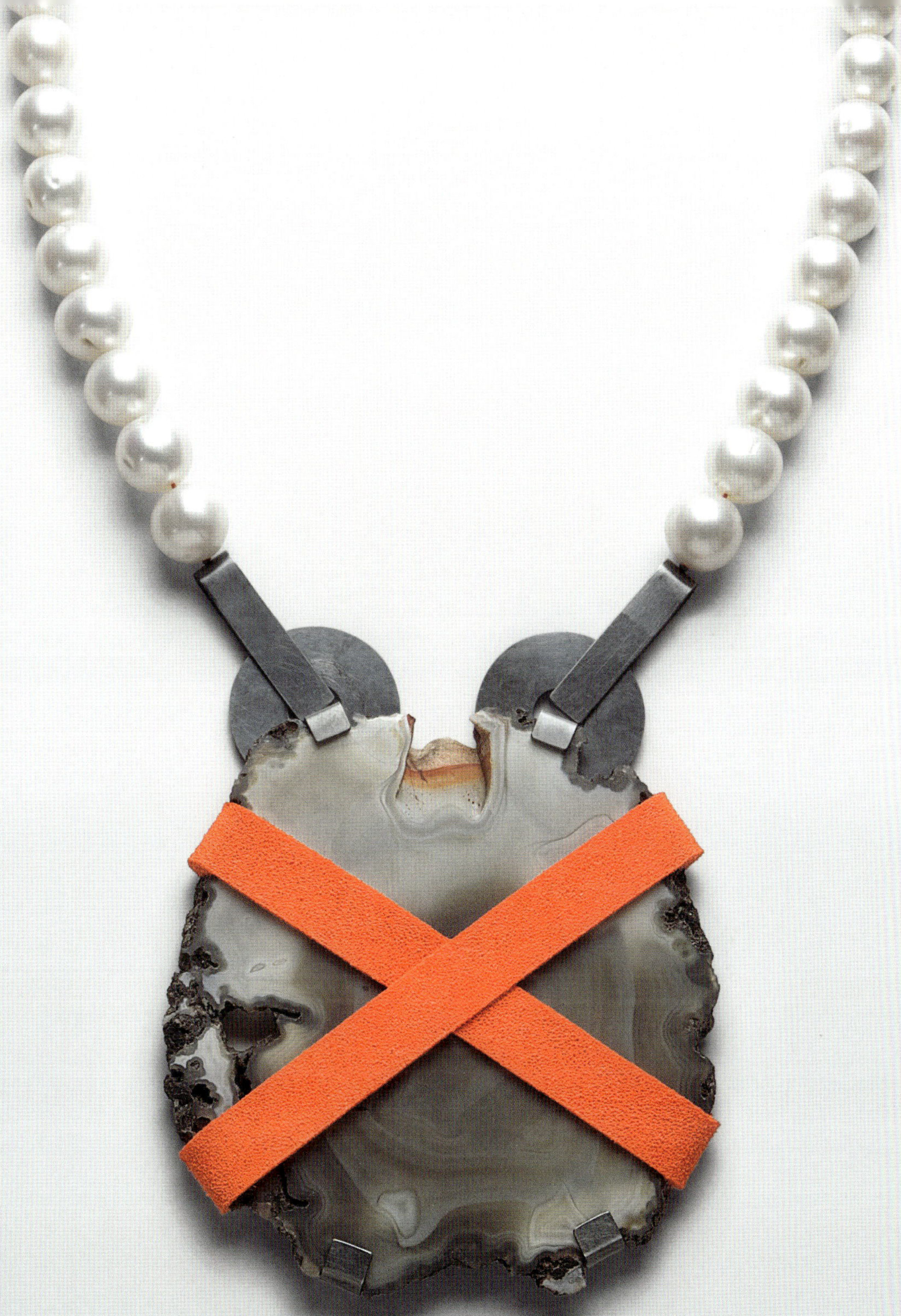

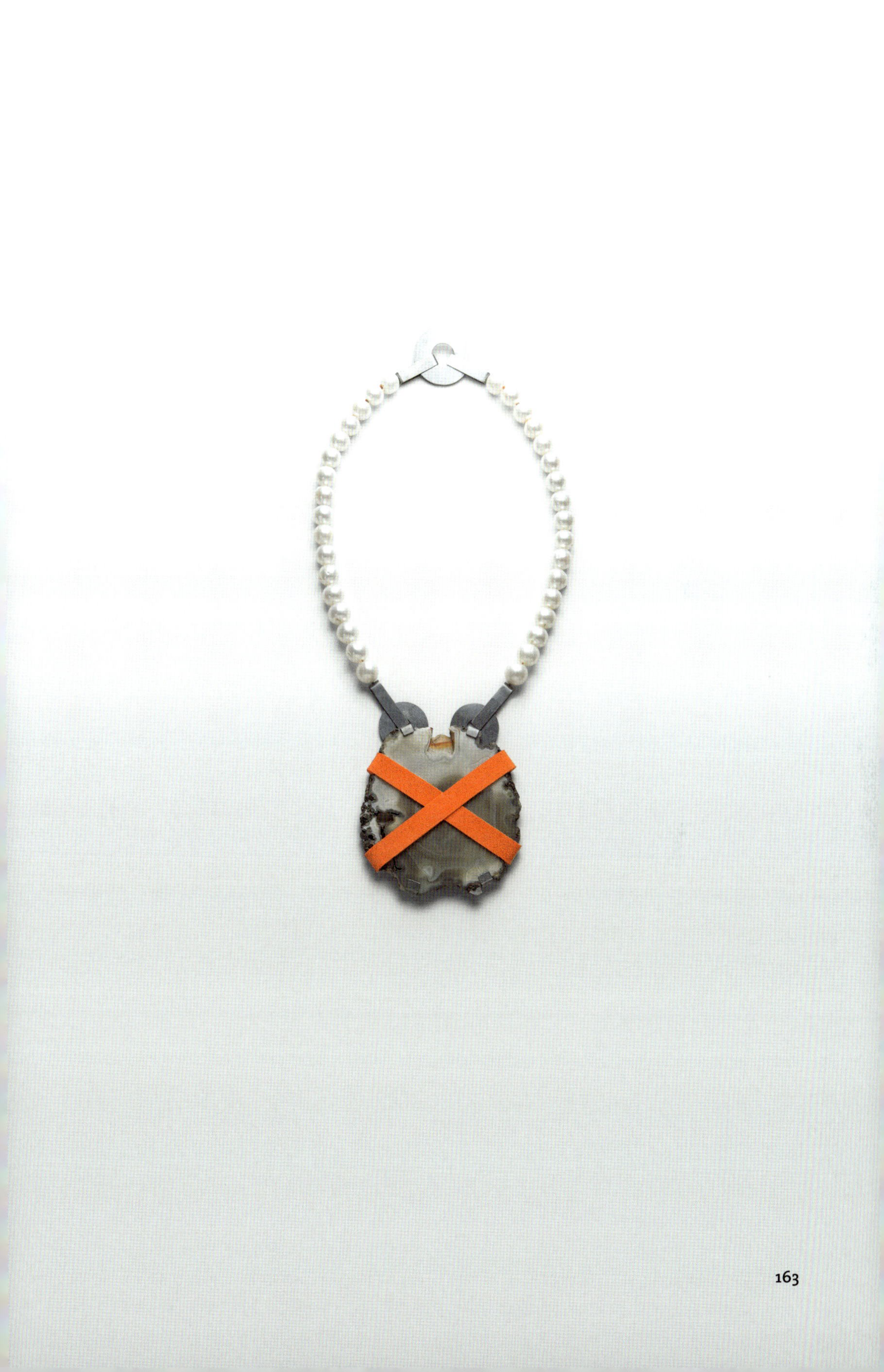

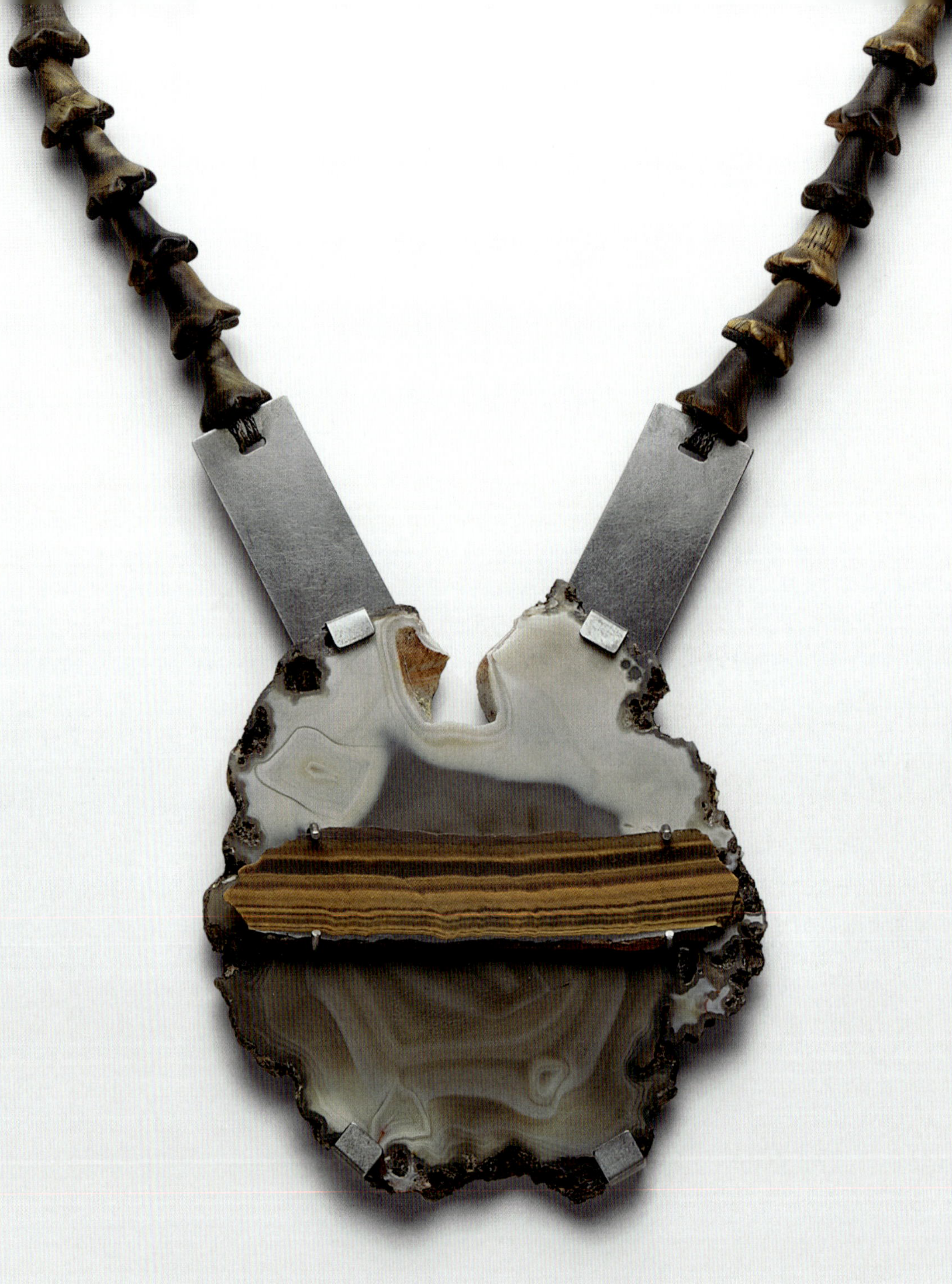

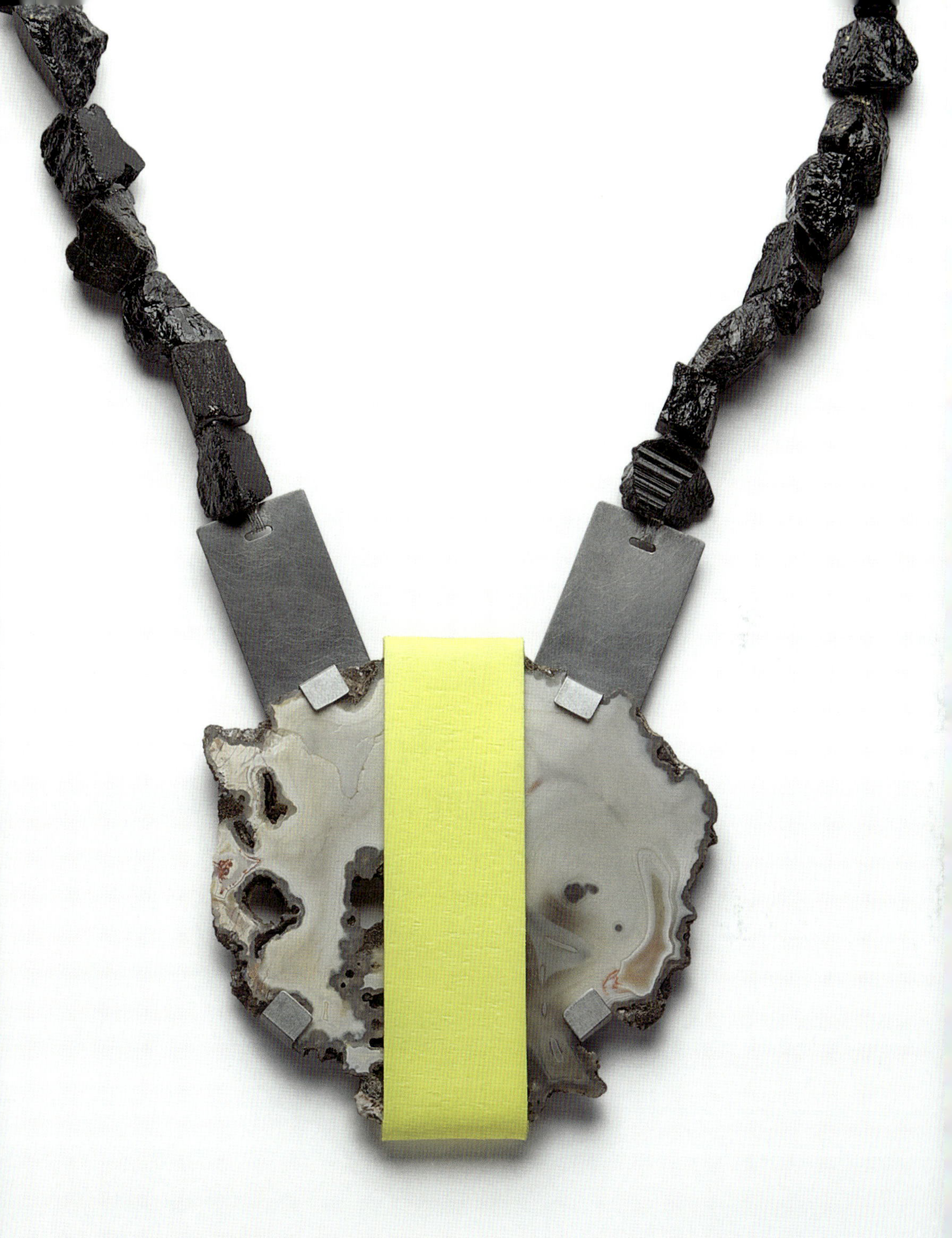

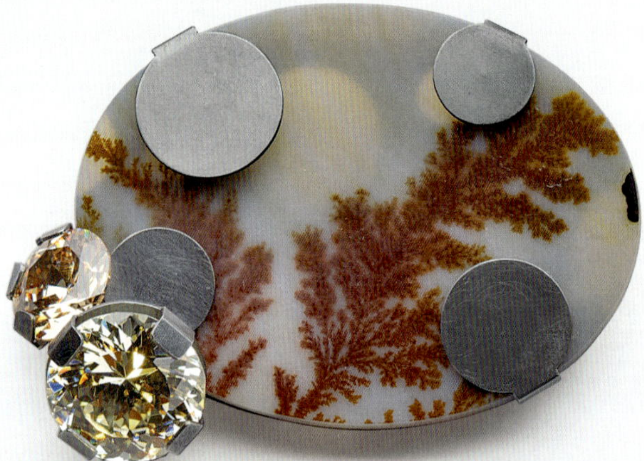

Wie lange darf ich mir eine Antwort überlegen?

How long may I think about an answer before giving it?

Wie definiert sich Wert?

How is “value” defined?

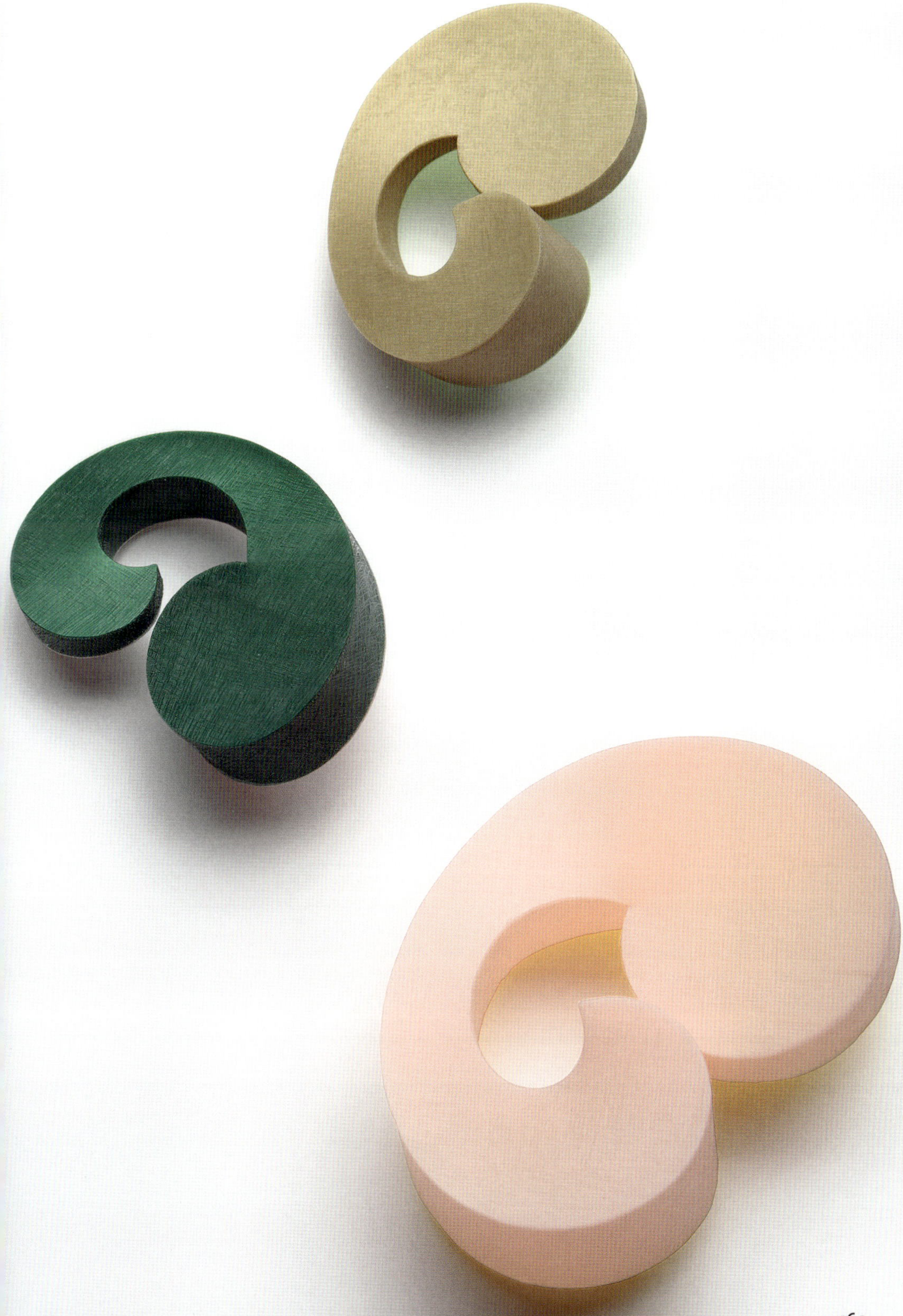

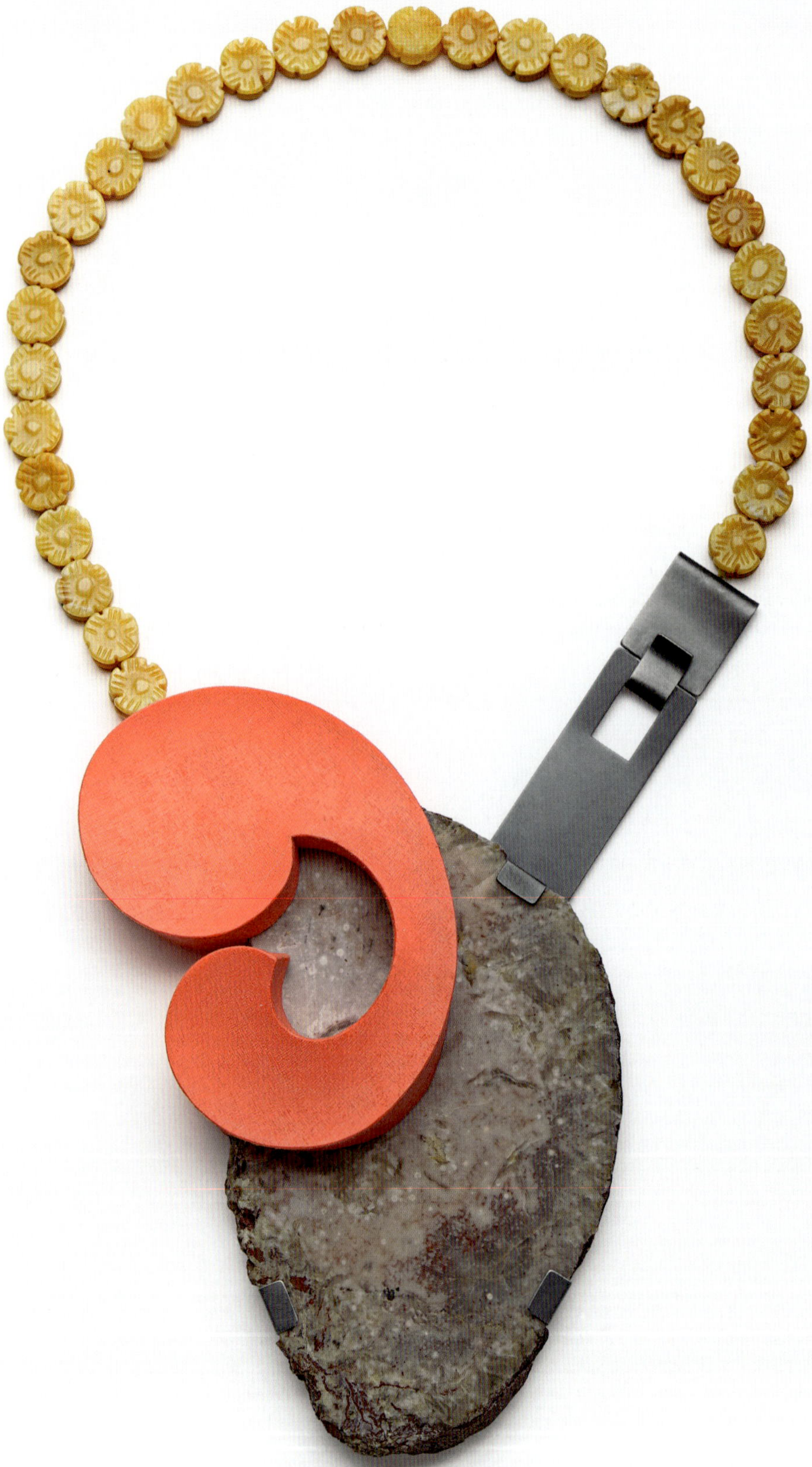

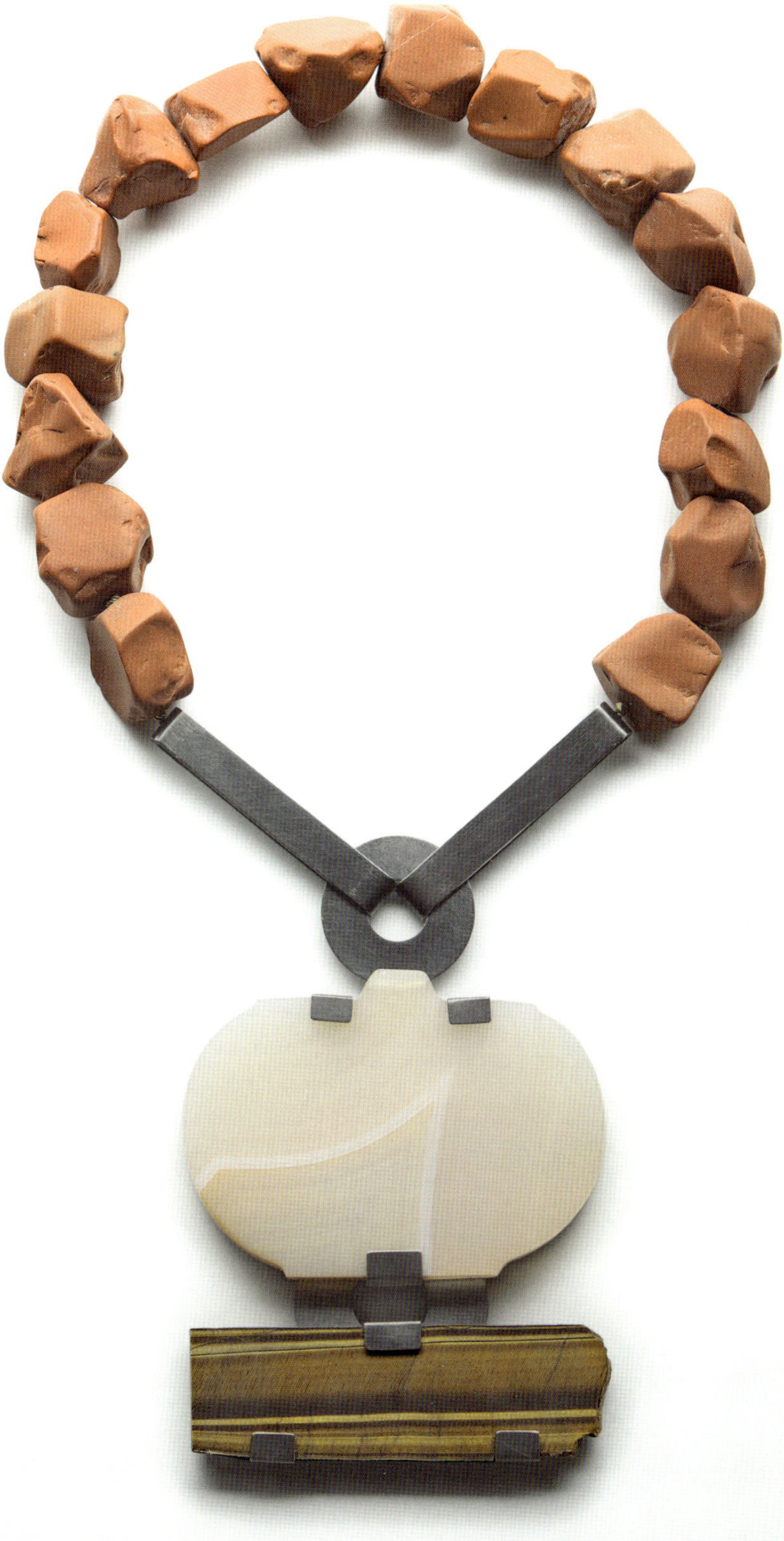

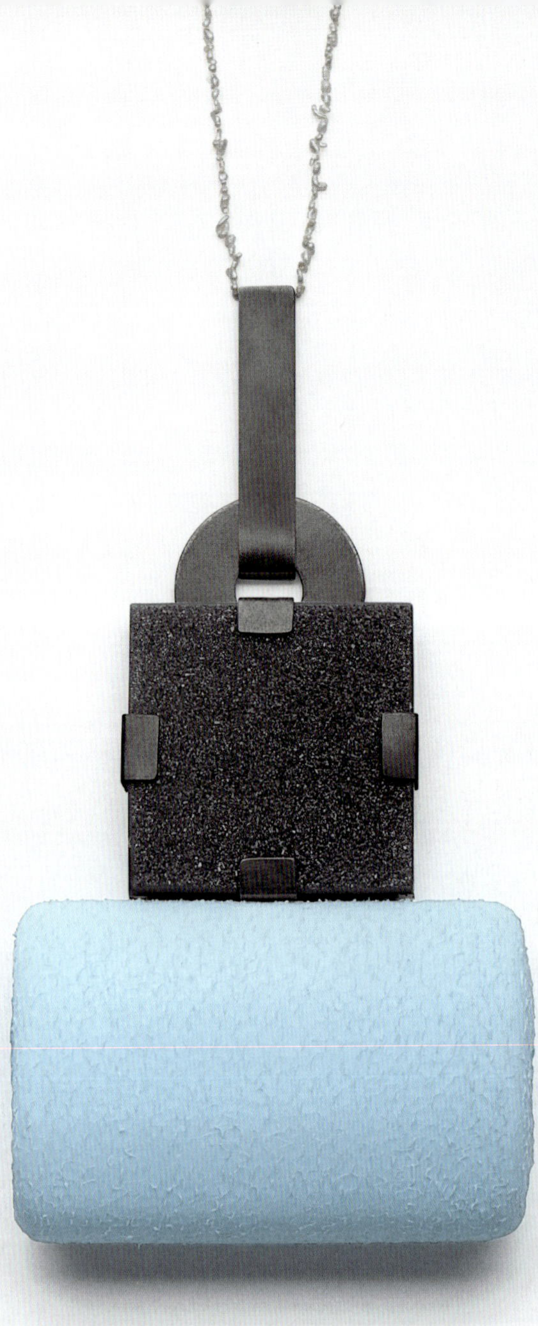

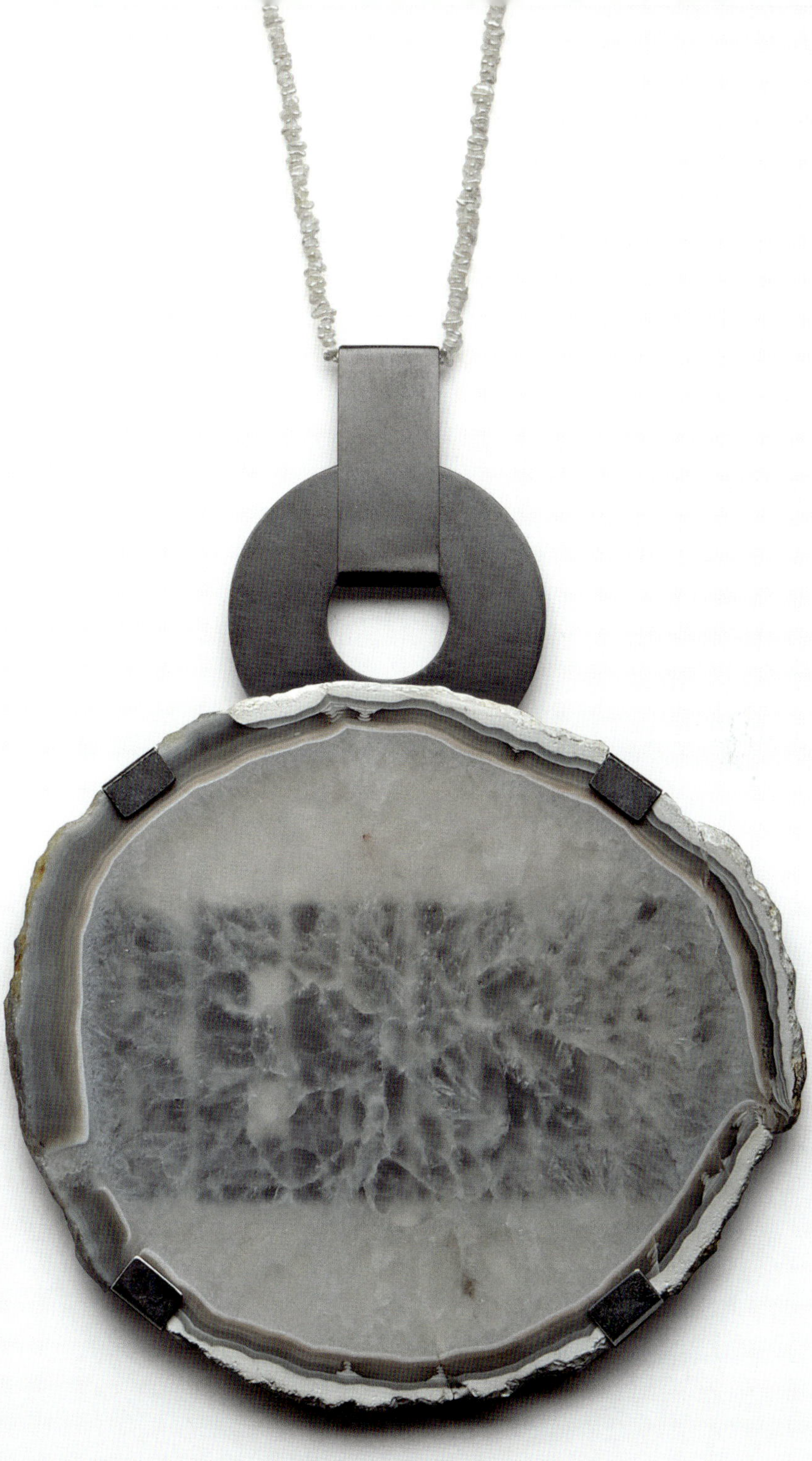

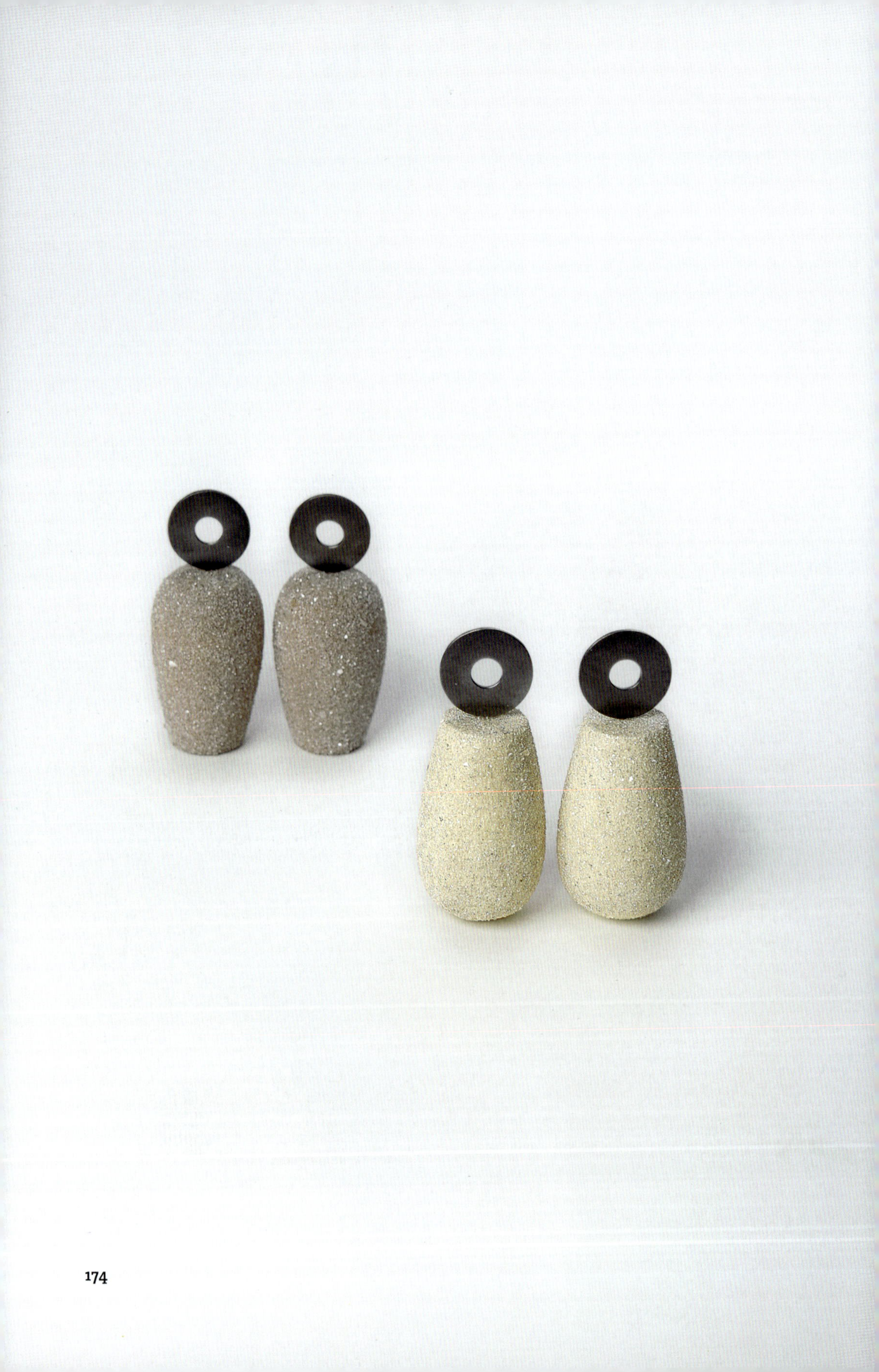

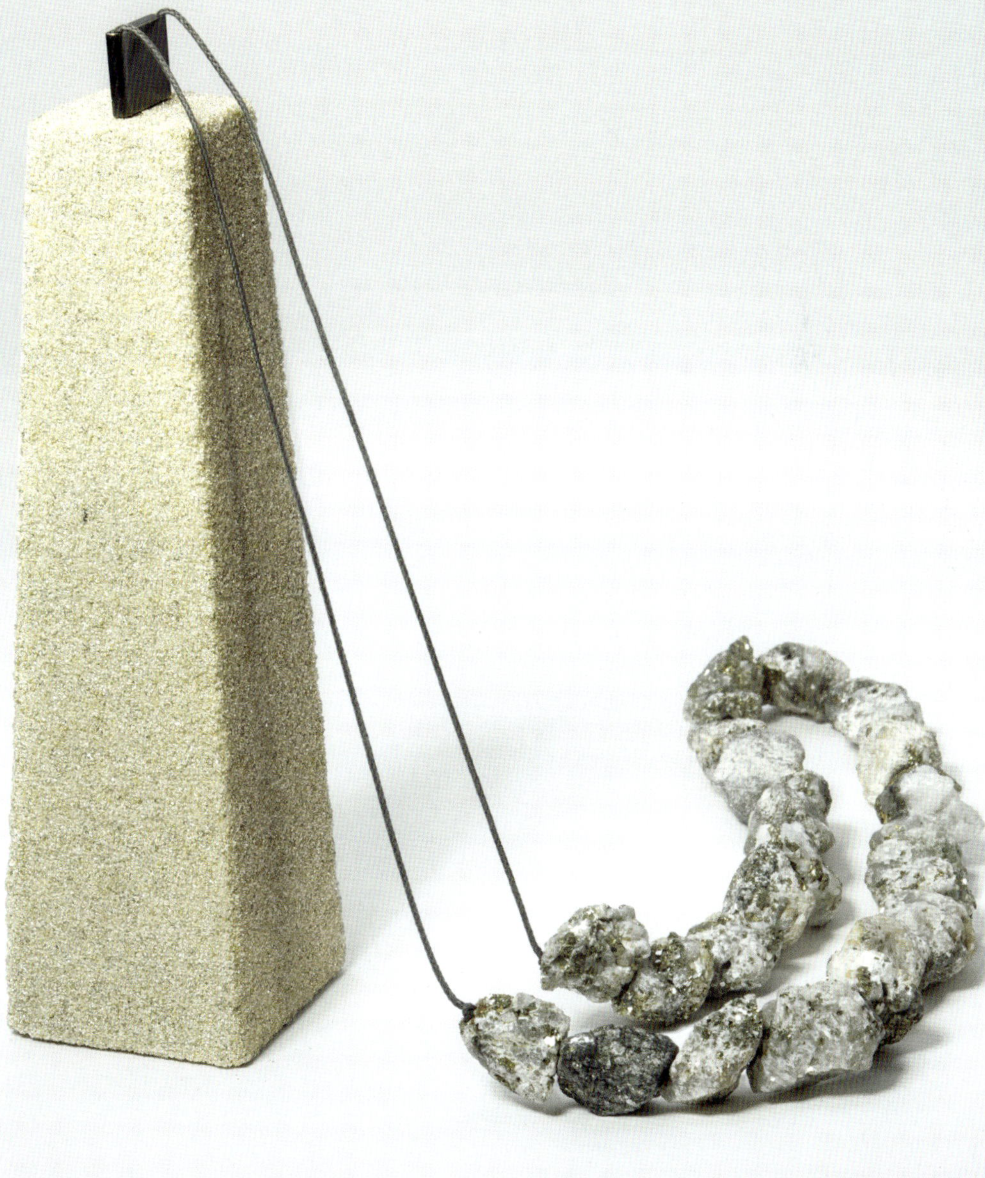

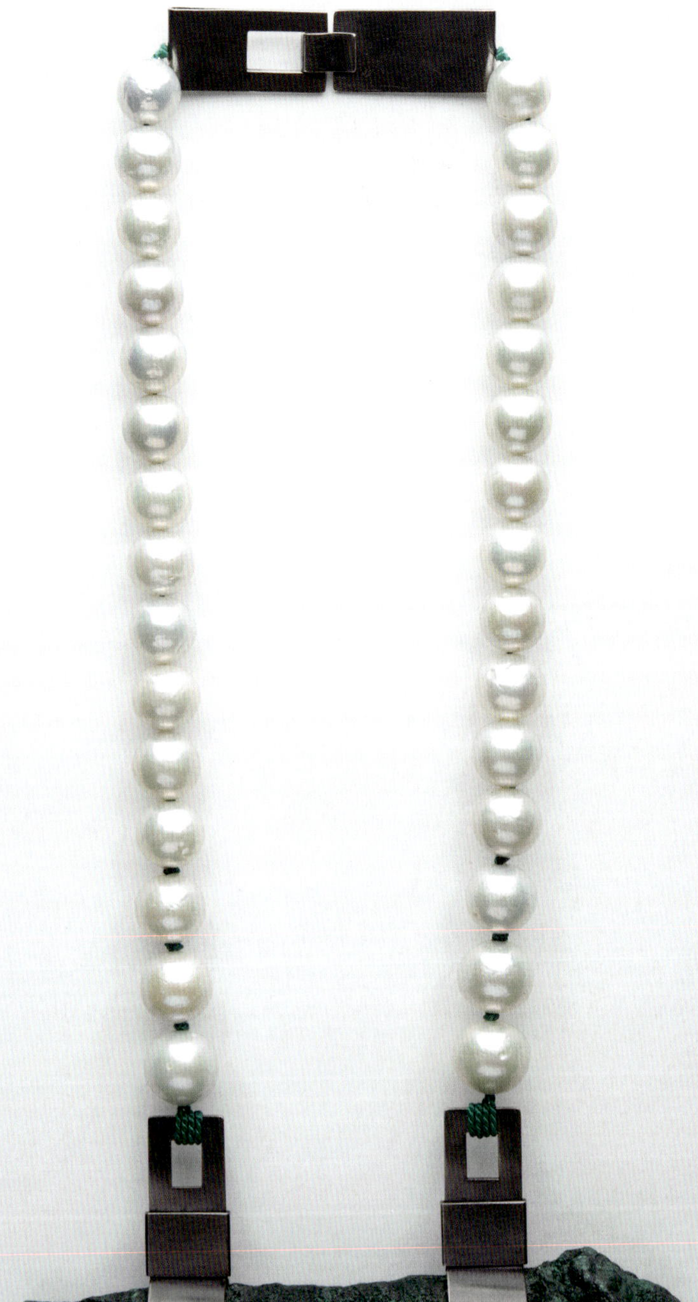

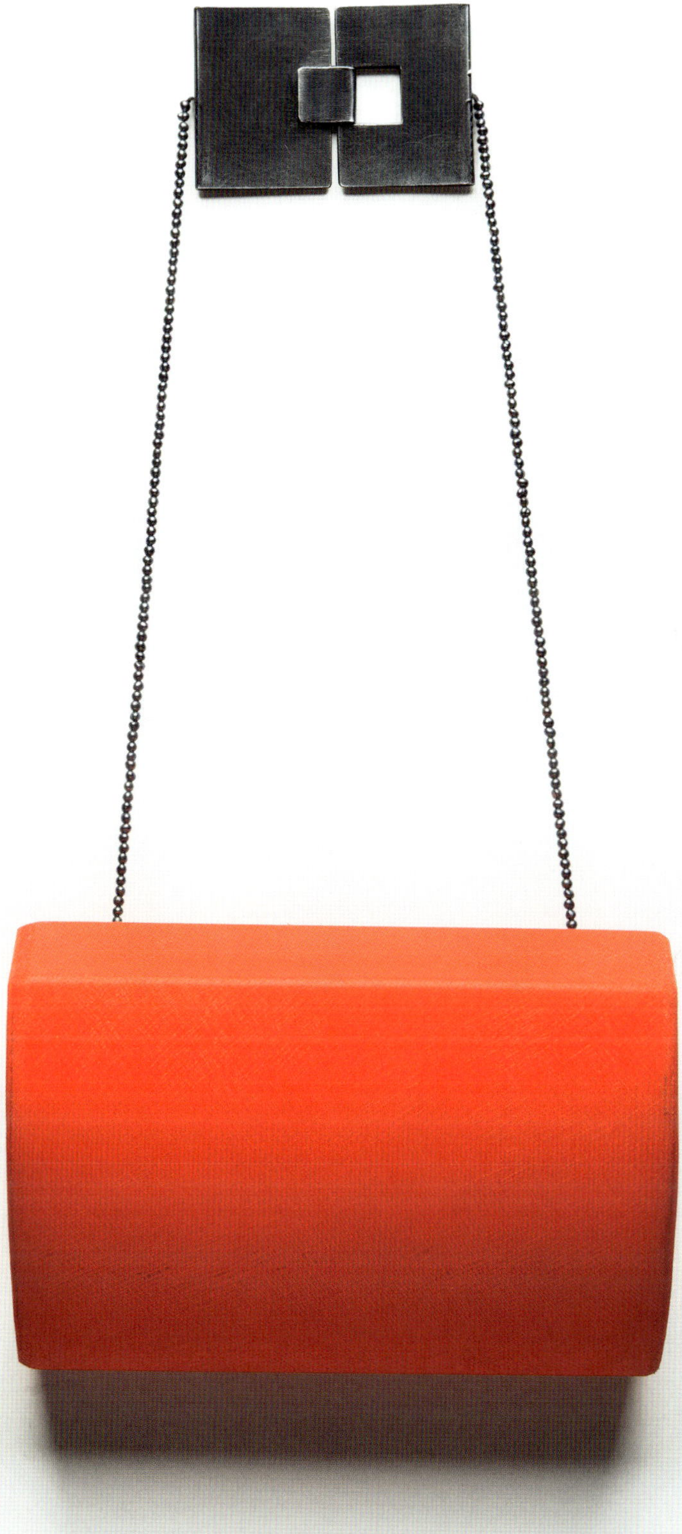

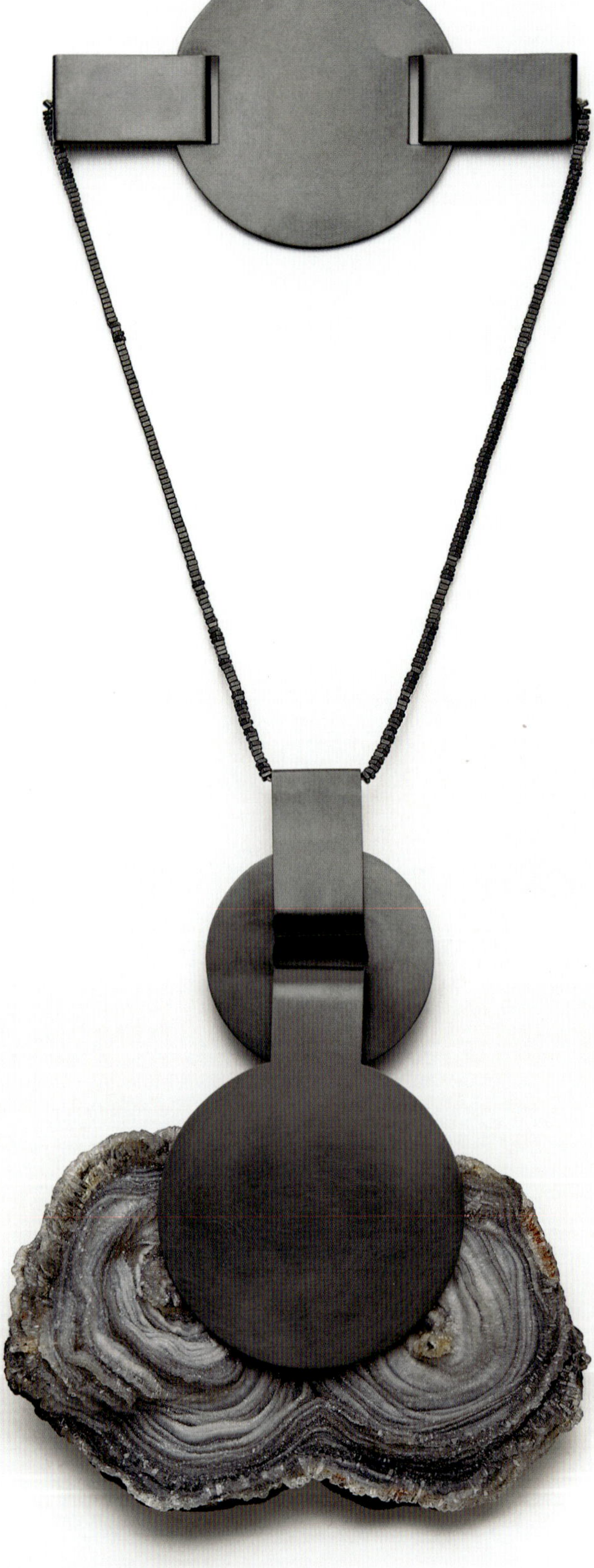

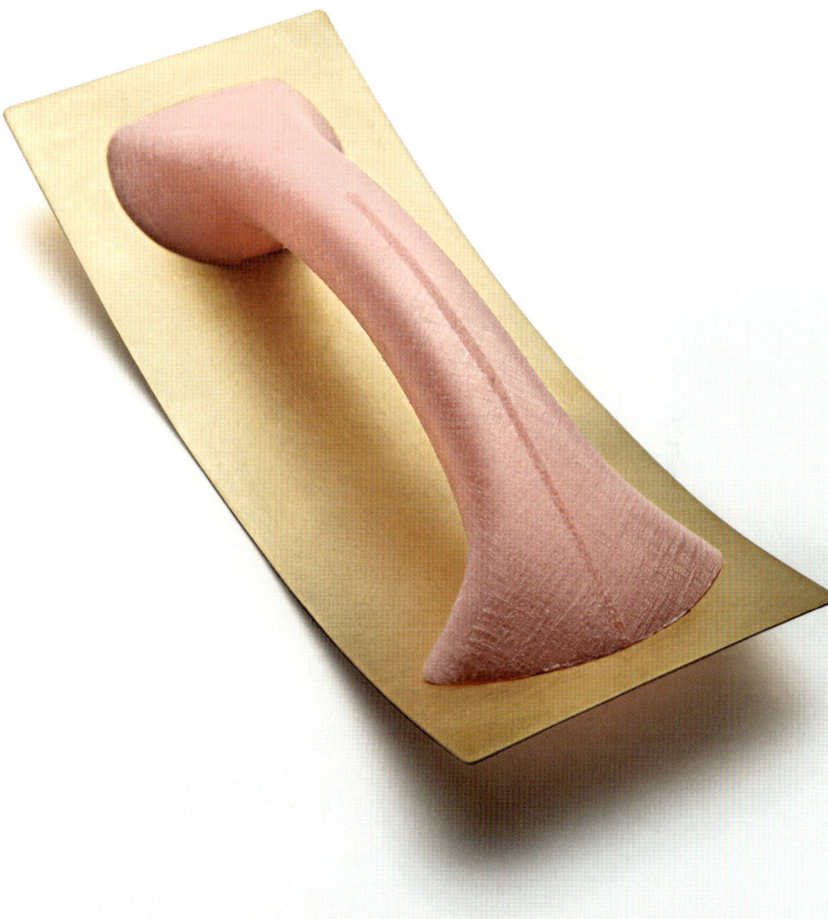

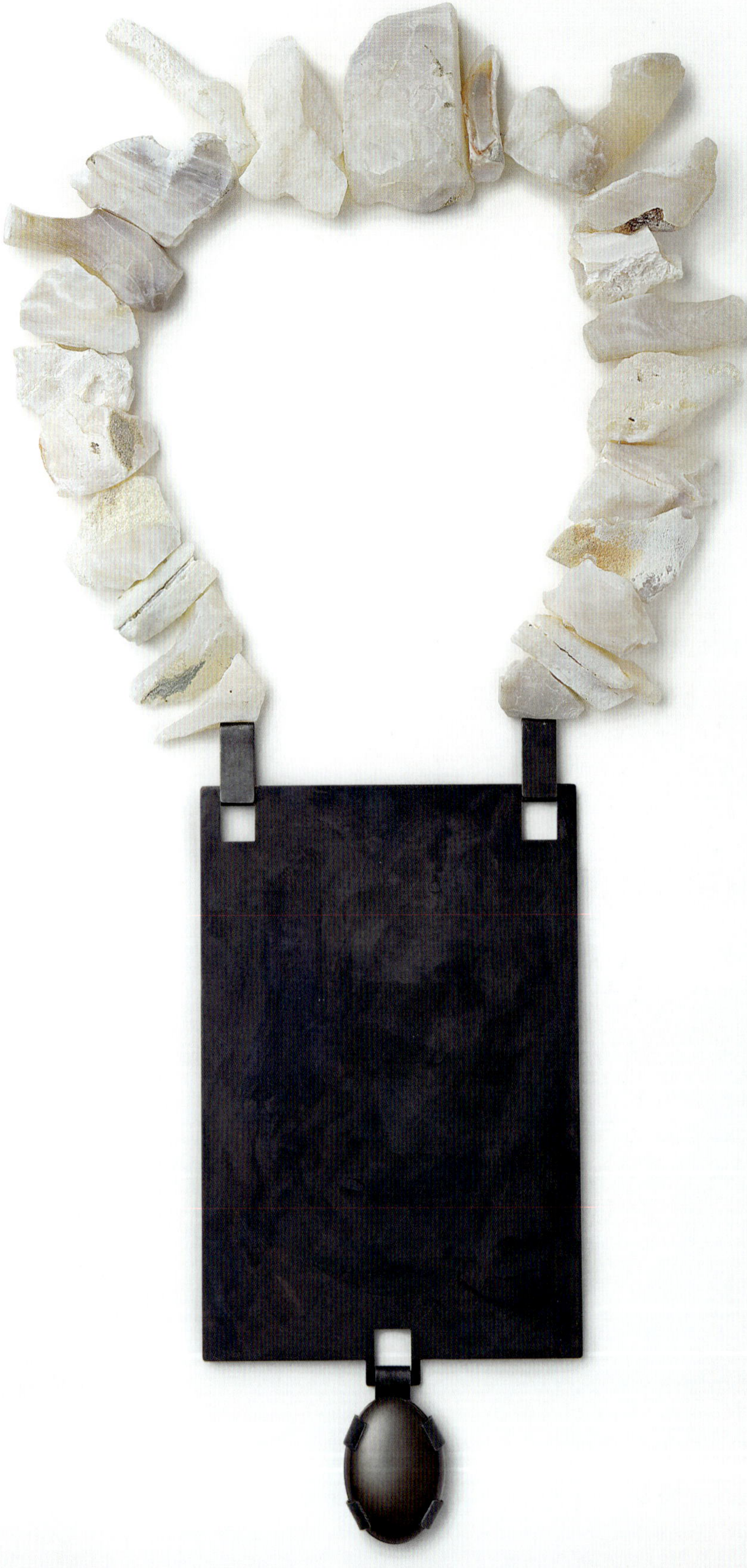

Warum möchten wir, dass etwas ein Menschenleben überdauert?
Why do we want something to last longer than a human lifespan?

New York, USA

OBJEKTBESCHREIBUNGEN
DESCRIPTION OF OBJECTS

7 (Seite Page)
Was beschwert Dich?
What is weighing you down?
Rings, 1998
Treated paper, 900 gold
Series

9
Haarkette
Hair chain
Neck jewellery, 2000
Hair from a carnival wig, dust pearls, 925 silver

10
Plombenkette
Lead plug chain
Neck jewellery, 1999
925 Silver, packaging twine
Schmuckmuseum Pforzheim, Germany

12
Omaverstehmichanhänger
GrannyUnderstandMe pendant
Neck jewellery, 2001
Wool, iron, 900 gold

28
Für P., der mir immer den halben Strand aus seiner Heimat mitbringt
For P., who always brings me half the beach from his native country
Brooches, 2001
Driftwood, pearls

48/49
Eyecontourbalmbeautyflashmoisturelotioncollier
Eyecontourbalmbeautyflashmoisturelotionchoker
Neck jewellery, 2002
Cream tubes (PP), thread, 925 silver, agate
Private collection, Germany

50
top: **Anti-blemish-solutions-Brosche**
Anti-blemish solutions brooch
centre: **Detoxifying-moisturizer-Brosche**
Detoxifying moisturizer brooch
bottom: **De-Jour-Formule-Brosche**
De Jour Formule brooch
Brooches, 2002
Cream tubes (PP), thread, 925 silver

51
top: **Alcadef 3**
centre: **Alcadef 2**
bottom: **Alcadef 1**
Brooches, 2002
Small yoghurt bottle (HDPE), shower-gel bottle (PE), 750 white gold, brilliant-cut diamonds, tourmaline, .02 ct each, 925 silver

53
the link
Brooch, 2002
Shampoo cap (PP), cream-cleanser bottle (PP-HD), driftwood, 925 silver
Private collection Tarja Tuupanen, Finland

54
Shalo boli duge
Brooch, 2002
Shampoo bottle (HDPE), body-lotion bottle (PP), beryl, 925 silver

55
top: **Socasha feha**
bottom: **Socasha noha**
Brooches, 2002
Shampoo bottles (PP, PE), cream-tube tops (PE), 925 silver
Socasha noha: private collection Svenja John, Germany

57
top: **Ulbeshabaco safe**
bottom: **Ulbeshaba apex**
Brooch and pendant, 2002
Shampoo bottles and tops (PE), peridot, pink tourmaline, amber, smoky quartz, 585 gold
Both: The Marzee Collection, the Netherlands

58
top: **Shampoobröschchen 3**
Small shampoo brooch 3
Brooch, 2002
Shampoo cap (PP), freshwater pearls, 925 silver
The Marzee Collection, the Netherlands
bottom (left): **Shampoobröschchen 1**
Small shampoo brooch 1
Brooch, 2002
Shampoo cap (PP), rhodolite, 925 silver
bottom (right): **Shampoobröschchen 2**
Small shampoo brooch 2
Brooch, 2002
Shampoo cap (PP), 900 gold, 750 gold
Both: Schmuckmuseum Pforzheim, Germany

60
top: **Cremetubengewindebrosche 2**
Cream-tube thread brooch 2
centre: **Cremetubengewindebrosche 1**
Cream-tube thread brooch 1
bottom: **Cremetubengewindebrosche 3**
Cream-tube thread brooch 3
Brooches, 2002
Cream tubes (PP), precious stones
Cream-tube thread brooch 1: Private collection, Germany

61
top: **Demipe 3**
centre: **Demipe 2**
bottom: **Demipe 1**
Brooches, 2002
Shower-gel top (PP), face-lotion top (PP), shampoo bottle (HDPE), shower-cream bottle (HDPE), pearls, 925 silver
Demipe 2: The Marzee Collection, the Netherlands

62
Seifenschale
Soap dish
Soap dish, 2002
Soap dish (the usual plastic), 35 brilliant-cut diamonds, totalling .75 ct, soap
Private collection, the Netherlands

66
Greetings from Idar-Oberstein 01
Brooch, 2007
Topaz, tiger's eye, stained agate, fossil, plastic (from packaging)
Private collection Tabea Reulecke, Germany

67
Greetings from Idar-Oberstein 20
Brooch, 2007
Aquamarine, tiger's eye, etched agate, plastic (from packaging)

68
Greetings from Idar-Oberstein 03
Brooch, 2007
Agate, metal, plastic (from packaging)

70
top: **Greetings from Idar-Oberstein 06**
Brooch, 2007
Rock crystal, onyx, plastic (from packaging)
bottom: **Greetings from Idar-Oberstein 07**
Brooch, 2007
Garnet, smoky quartz, plastic (from packaging)

71
Greetings from Idar-Oberstein 11
Brooch, 2007
Rubellite, tourmaline, chrysoprase, jasper, snowflake obsidian, basalt, plastic (from packaging)

72
Greetings from Idar-Oberstein 12
Brooch, 2007
Amethyst, agate, jade, haematite, plastic (from packaging)
Private collection, United Kingdom

73
Greetings from Idar-Oberstein 13
Brooch, 2007
Smoky quartz, granite, plastic (from packaging)

76
Greetings from Idar-Oberstein 02
Brooch, 2007
Citrine (engraved by Dieter Lorenz), agate, rose quartz, amber, plastic (from packaging)
Private collection, the Netherlands

77
Greetings from Idar-Oberstein 18
Brooch, 2007
Haematite, smoky quartz, agate, plastic (from packaging)
The Marjan Unger Collection, the Netherlands

78
Greetings from Idar-Oberstein 14
Brooch, 2007
Citrine, onyx, plastic (from packaging)
Private collection, the Netherlands

79
Greetings from Idar-Oberstein 15
Brooch, 2007
Peridot, freshwater pearls, plastic (from packaging)
Private collection, the Netherlands

80
Greetings from Idar-Oberstein 24
Brooch, 2007
Topaz, rutile quartz, Tahitian pearl, plastic (from packaging)

82
left: **Greetings from Idar-Oberstein 08**
Brooch, 2007
Smoky quartz, Tahitian pearl
Private collection, the Netherlands
right: **Greetings from Idar-Oberstein 09**
Brooch, 2007
Topaz, freshwater pearl, plastic (from packaging)
Private collection, the Netherlands

83
Greetings from Idar-Oberstein 10
Brooch, 2007
Opal, freshwater pearl, plastic (from packaging)

85
top: **Greetings from Idar-Oberstein 04**
Brooch, 2007
Moonstone, tiger's eye, citrine, plastic (from packaging)
bottom: **Greetings from Idar-Oberstein 05**
Brooch, 2007
Tiger's eye, plastic (from packaging)

86
Greetings from Idar-Oberstein 22
Brooch, 2007
Citrine, tiger's eye, topaz, plastic (from packaging)
Private collection, Norway

87
Greetings from Idar-Oberstein 19
Brooch, 2007
Amber, reconstructed turquoise, topaz, plastic (from packaging)
Schmuckmuseum Pforzheim, Germany

89
Greetings from Idar-Oberstein 25
Brooch, 2007
Basalt, agate, plastic (from packaging)

90
Greetings from Idar-Oberstein 26
Brooch, 2007
Pink opal, agate, plastic (from packaging)

91
Greetings from Idar-Oberstein 27
Brooch, 2007
Mahogany obsidian, freshwater pearl, plastic (from packaging)
The Marzee Collection, the Netherlands

96
2010-05
Brooch, 2010
Rose tourmaline, rhodolithe, brilliant-cut diamonds, plastic, 925 silver, sulphured

97
2010-06
Brooch, 2010
Precious stones in several colours, brilliant-cut diamonds, plastic, 925 silver, sulphured

98
2010-04
Brooch, 2010
Citrine, pieces of coral, pearls, lava rock, brilliant-cut diamonds, plastic, 925 silver, sulphured

99
left: **Herrenring**
Men's ring
Ring, 2010
Amber, 750 gold
The Alice and Louis Koch Collection, USA
right: **Orden**
Medal
Brooch, 2010
Tiger's eye, marble, 925 silver, sulphured

100
2010-07
Brooch, 2010
Cubic zirconia, plastic (from packaging), 925 silver, sulphured

102 / 103
2010-01
Brooch, 2010
Carnelian, citrine, plastic (from packaging), 925 silver, sulphured

104 / 105
2010-02
Brooch, 2010
Coral agate, cubic zirconia, tiger's eye, plastic (from packaging), 925 silver, sulphured
The Jorunn Veiteberg Collection, Copenhagen, Denmark

106
Kreditblech
Credit Sheet
Brooch, 2010
750 gold, 925 silver, sulphured

107
2010-10
Brooch, 2010
Tourmaline, green amber, 925 silver, sulphured

108
2012-01
Brooch, 2012
Onyx, pink opal, 925 silver, sulphured

109
2012-03
Brooch, 2012
Kunzite, rose quartz, plastic (from packaging), 925 silver, sulphured

110
2012-04
Brooch, 2012
Malachite, aquamarine, plastic (from packaging), 925 silver, sulphured

113
Reminiszenz
Reminiscence
Brooch, 2010
Agate, etched agate, opal, rhodochrosite, brilliant-cut diamonds, 900 gold, 925 silver, sulphured

114
2012-02
Brooch, 2012
Pumice stone, 925 silver, sulphured

116
2011-01
Brooch, 2011
Tiger's eye, 925 silver, sulphured
The Rotasa Trust Collection, USA

117
2011-02
Brooch, 2011
Labradorite, marble, 925 silver, sulphured

157 / 159
2012-05
Neck jewellery, 2012
Agate, freshwater pearls, Kevlar and steel cord, 925 silver, sulphured
The Allen and Irene Natow Collection, USA

161 / 163
2012-06
Neck jewellery, 2012
Agate, freshwater pearls, plastic (from packaging)
925 silver, sulphured
The Berna Feuerstein Collection, USA

164
2012-07
Neck jewellery, 2012
Agate, tiger's eye, 925 silver, sulphured

165
2012-08
Neck jewellery, 2012
Agate, tourmaline, plastic (from packaging), 925 silver, sulphured
The Susan Grant Lewin Collection, USA

166
2013-07
Brooch, 2013
Agate, zirconia, 925 silver, sulphured

169
top: **Schnörkel 1**
Squiggle 1
centre: **Schnörkel 2**
Squiggle 2
bottom: **Schnörkel 3**
Squiggle 3
Brooches, 2013
Plastic (from packaging)

170
2013-03
Neck jewellery, 2013
Agate, jade, 925 silver, sulphured, plastic (from packaging)

171
2013-18
Neck jewellery, 2013
Agate, tiger's eye, jasper, 925 silver, sulphured

172
2013-01
Neck jewellery, 2013
Agate, pearls, 925 silver, sulphured, plastic (from packaging)

173
Behind
Neck jewellery, 2013
Rock crystal (clear quartz) with agate border, Makrolon®, Keshi pearls, 925 silver, sulphured, plastic (from packaging)

174
left: 2013-14
right: 2013-15
Ear jewellery, 2013
Diamond powder per pair 12 ct, wood, 925 silver, sulphured

175
2013-16
Neck jewellery, 2013
Diamond powder 255 ct, pyrite in ore, Kevlar, wood, 925 silver, sulphured

176
2013-17
Neck jewellery, 2013
Malachite, pearls, 925 silver, sulphured

177
2013-04
Neck jewellery 2013
Pearls, 925 silver, sulphured, plastic (from packaging)

178
2013-09
Neck jewellery, 2013
Calcedony rose from Rio Grande do Sul, 925 silver, sulphured

179
Roségoldblech mit Griff
Rose gold sheet with handle
Jewellery, 2013
750 rose gold, plastic (from packaging)

180
2013-19
Neck jewellery, 2013
Mooonstone, opal, 925 silver, sulphured

Alle Zahlen sind Seitenzahlen
All figures are page numbers

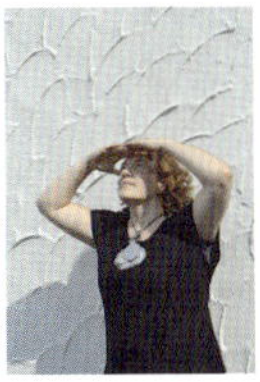
131
siehe see 178

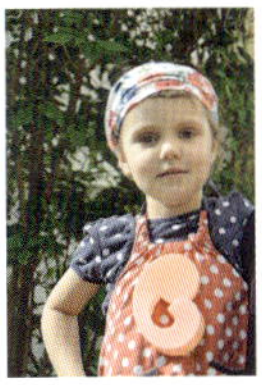
132
siehe see 169

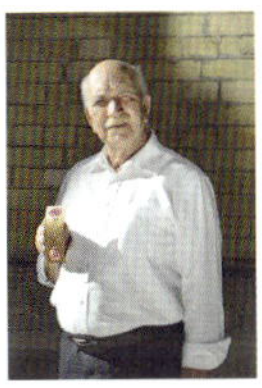
134
siehe see 179

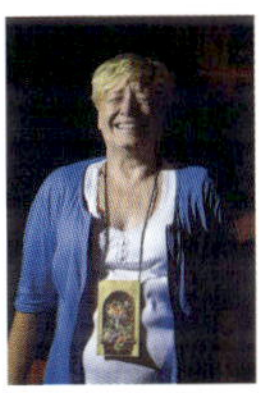
135
siehe see 12

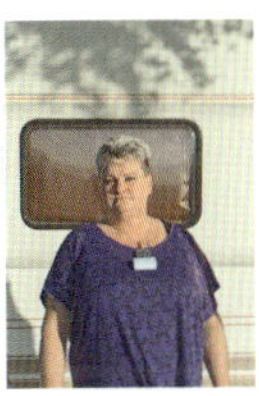
136
siehe see 172

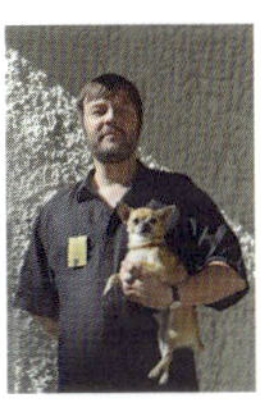
139
siehe see 106

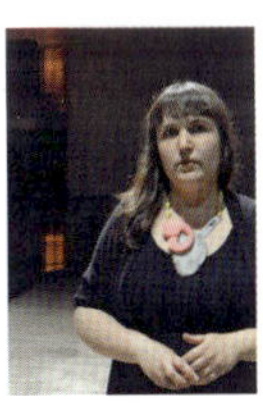
140
siehe see 170

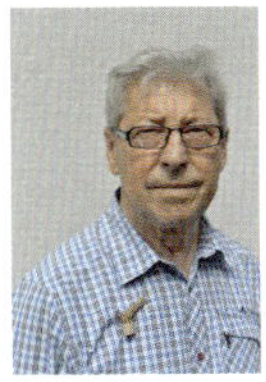
142
siehe see 28

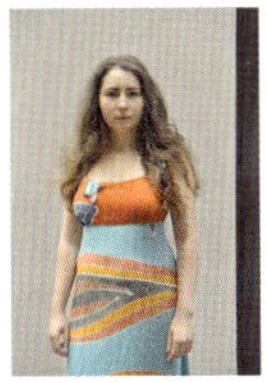
145
siehe see 67

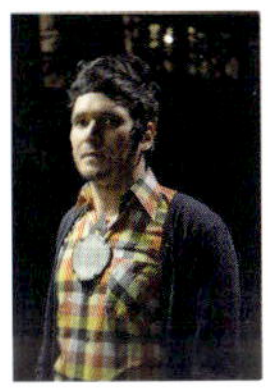
146
siehe see 173

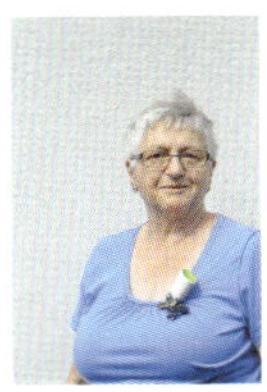
149
siehe see 100

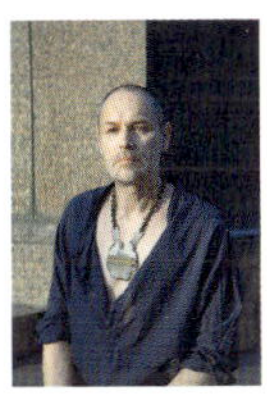
151
siehe see 164

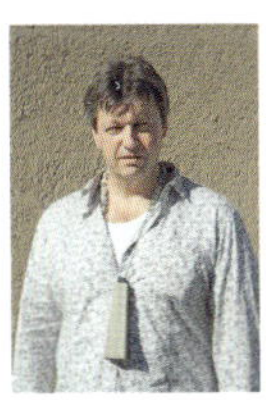
152
siehe see 175

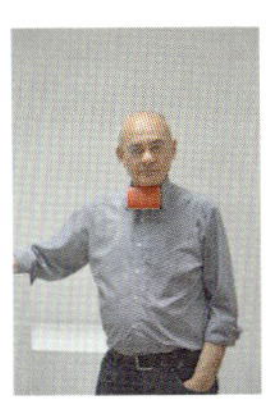
155
siehe see 177

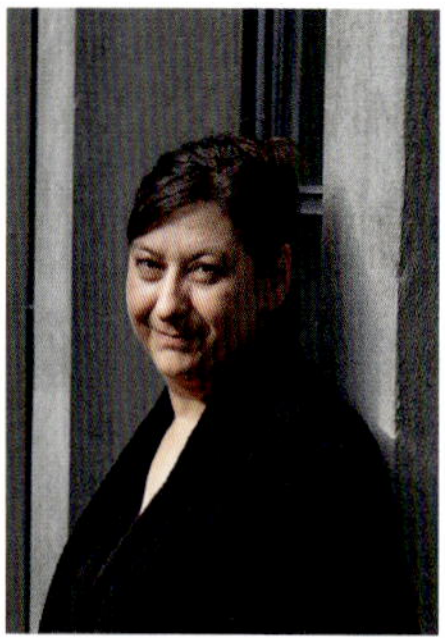

BIOGRAFIE

1969
Geboren in Bruchsal (DE)
1988–1992
Berufsfachschule für Goldschmiede, Goldschmiedeschule Pforzheim (DE)
1990–1992
Goldschmiedelehre, Gesellenprüfung, Karlsruhe (DE)
1992–1996
Hochschule für Gestaltung Pforzheim (DE), Studiengang Schmuck und Gerät, Diplom
seit 1996
Freischaffend tätig
2000–2004
Lehrtätigkeit an der Hochschule Trier, Fachbereich Gestaltung, Fachrichtung Edelstein und Schmuck, Idar-Oberstein (DE) und der Hochschule für Gestaltung Pforzheim (DE)
seit 2005
Professorin für Edelsteingestaltung an der Hochschule Trier, Fachbereich Gestaltung, Fachrichtung Edelstein und Schmuck, Idar-Oberstein (DE)

BIOGRAPHY

1969
Born in Bruchsal (DE)
1988–1992
Vocational school for goldsmiths, Goldschmiedeschule Pforzheim (DE)
1990–1992
Goldsmith's apprenticeship, journeyman's certificate, Karlsruhe (DE)
1992–1996
Hochschule für Gestaltung Pforzheim (DE), Department of jewellery and tableware, diploma
since 1996
Freelance
2000–2004
Teaching assignments at Trier University of Applied Sciences, Faculty of Design, Department of Gemstones and Jewellery, Idar-Oberstein (DE) and School of Design of Pforzheim University, Pforzheim (DE)
since 2005
Professor for gemstone design at Trier University of Applied Sciences, Faculty of Design, Department of Gemstones and Jewellery, Idar-Oberstein (DE)

AUSSTELLUNGEN (Auswahl)
EXHIBITIONS (a selection)

2013/2014
Iris Bodemer and Ute Eitzenhöfer, Schmuck, Schmuckmuseum Pforzheim (DE), Goldschmiedehaus Hanau (DE), CODA Museum Apeldoorn (NL)
2012
Conv3rsations, with Gemma Draper and Estela Saez, Ornamentum Gallery, Hudson, NY (US)
Verwandlungen-Metamorphosen, Galerie Handwerk, Munich (DE)
German Contemporary Metal Crafts, Gold Museum, New Taipei City (TW)
2011
Materials Revisited, 10th Triennial for Form and Content, Museum of Applied Arts, Frankfurt/M. (DE)
The Spirit of Stone, South-Karelia Museum, Lappeenranta (FI) and 2012 Villa Bengel, Idar-Oberstein (DE)
2010
Solo show, Galerie Marzee, Nijmegen (NL)
The plastic show, Velvet da Vinci, San Francisco, CA (US)
2009
KORU 3 Exhibition, Imatra Art Museum, Imatra (FI)
Schmuck, Special Show at the International Crafts Trade Fair, IHM, Munich (DE) and RMIT Gallery, Melbourne (AU)
what's new, Galerie Sofie Lachaert, Tielrode (BE)
2008
Zwischen den Jahren, Galerie Pilartz, Cologne (DE)
2007
Kunst treibt Blüten – Art is flowering, Schmuckmuseum Pforzheim, Pforzheim (DE)
Solo show, Galerie Marzee, Nijmegen (NL)
2006
Choice, Contemporary Jewellery from Germany, Schmuckmuseum Pforzheim, Pforzheim (DE)
2005
Solo show, Villa Bengel, Idar-Oberstein (DE)
Choice, Contemporary Jewellery from Germany, Museum of Arts and Crafts, Itami (JP) and CODA Museum, Apeldoorn (NL)
International Showcase, Contemporary Applied Arts Gallery, London (UK)
Atelier Schmuck und Gerät Prüll with Beate Eismann, Weiden (DE)
Galerie Werner Hermsen, Wiesbaden (DE)
2004
Gestaltung Kunst Handwerk, Baden-Württemberg State Applied and Decorative Arts Exhibition 2004, Freiburg im Breisgau (DE)
Jewellery, the Choice of the Europarliament, European Parliament, Brussels (BE)
Schmuck aus, mit und über Papier, Solo Show Atelier Schmuck und Gerät Prüll, Weiden (DE)
Galerie Sofie Lachaert, Tielrode (BE)
Schmuck, Special Show at the International Crafts Trade Fair, IHM, Munich (DE)
2003
Jewellery, Roermond's Choice, Roermond Municipal Museum (NL)
Le lien au corps, 3rd Biennale for Contemporary Jewellery, Nîmes (FR)

Inner Luxury. International contemporary jewellery, Museum of Contemporary Art, Caixa Forum, Barcelona (ES)
9th Triennial for Form and Content – USA and Germany, Museum of Applied Arts, Frankfurt/M. (DE) and Museum of Arts & Design, New York (US)

2002

Solo show, Galerie Marzee, Nijmegen (NL)
Gestaltung Kunst Handwerk, Baden-Württemberg State Applied and Decorative Arts Exhibition 2002, Esslingen am Neckar (DE)
extract, Young Jewellery Designers in Germany, bauhaus Archives, Design Museum, Berlin (DE)
»El broche«, Forum Ferlandina, Barcelona (ES)

2001

Solo show, Galerie Marzee, Nijmegen (NL)
8th Triennial for Form and Content, Object Gallery, Customs House, Sydney (AU)
Jewellery, Almere's Choice, De Paviljoens, Almere (NL)
Jewellery, Apeldoorn's Choice, Van Reekum Museum, Apeldoorn (NL)

2000

8th Triennial for Form and Content – Australia and Germany, Museum of Applied Arts, Frankfurt/M. (DE)
Applied Arts Baden-Württemberg, Hällisch-Fränkisches Museum, Schwäbisch-Hall (DE)
Parures d'ailleurs, parures d'ici: incidences, coincidences?, Musée de design et d'arts appliqués contemporains, Lausanne (CH)
Galerie Treykorn, Berlin (DE)
Solo show, Galerie Spandau, Berlin (DE)
Galerie Werner Hermsen with Iris Bodemer, Wiesbaden (DE)
Schmuckgestaltung in Pforzheim, teachers and students, Schmuckmuseum Pforzheim, Pforzheim (DE)

1999

Solo show, Galerie Marzee, Nijmegen (NL)
Galerie Michèle Zeller, Bern (CH)
Jewellery, Arnhem's Choice, Museum voor Moderne Kunst, Arnhem (NL))

1998

Faltungen, Design Center at the Baden-Württemberg State Trade Licensing Office, Stuttgart (DE)
Antike Ringe – Neue Ringe, Galerie Katia Rid, München (DE)
Jewellery, Nijmegen's Choice, Galerie Marzee, Nijmegen (NL)
Galerie Herta Sophie Zaunschirm with Iris Bodemer and Andi Gut, Zurich (CH)
Galerie Sofie Lachaert, Antwerp (BE)
Schmuck, Special Show at the International Crafts Trade Fair, IHM, Munich (DE)

1997

Sieraden de Keuze van Amersfoort, De Zonehof, Amersfoort (NL)
Schmuck, Special Show at the International Crafts Trade Fair, IHM, Munich (DE)

1996

Solo show, Galerie Marzee, Nijmegen (NL)
subjects, International Jewellery Art Exhibition, Helsinki (FI)
schmücken, Pforzheim University 1965–95, Schmuckmuseum Pforzheim, Pforzheim (DE)
Graduate Show, Galerie Marzee, Nijmegen (NL)
Schmuck, Special Show at the International Crafts Trade Fair, IHM, Munich (DE)

AUSZEICHNUNGEN
AWARDS

»Junge Schmuckkunst im Museum« 2001, Promotional acquisition by the ISSP, Schmuckmuseum Pforzheim (DE)
Marzee-prijs 2000, Galerie Marzee, Nijmegen (NL)
Hessischer Staatspreis 2000, 3rd Prize (DE)
Sonderschau FORM, 1998, 1999 and 2001 Frankfurt/M. (DE)

ARBEITEN IN ÖFFENTLICHEN SAMMLUNGEN
WORKS IN PUBLIC COLLECTIONS

CODA Museum, Apeldoorn (NL)
Museum of Applied Arts, Frankfurt/M. (DE)
Museum Turnov, Turnov (CZ)
Schmuckmuseum Pforzheim, Pforzheim (DE)
The Alice and Louis Koch Collection (CH)
The Marzee Collection, Nijmegen (NL)

PUBLIKATIONEN
PUBLICATIONS

personenverzierungen, Arbeiten 1994–2001, texts: Professor Johanna Dahm and Lotte Menkman; ed.: Ute Eitzenhöfer, Karlsruhe 2001.
Briefe, diploma dissertation at the Hochschule für Gestaltung Pforzheim, Pforzheim 1996.

BIBLIOGRAFIE UND ARTIKEL
BIBLIOGRAPHY AND ARTICLES

Designgespräche 2005–2012, pp. 58–63; published by: Handwerkskammer für München und Oberbayern, Munich 2013.
German Contemporary Metal Crafts, Exhib. Cat., p. 117; published by: The Gold Museum, New Taipei City Government, New Taipei City 2012.
Materials Revisited, Catalogue to the 10th Triennial for Form and Content, pp. 28/29; published by: Museum für angewandte Kunst Frankfurt/M., Frankfurt/M. 2011.
The Spirit of Stone, pp. 126/127; published by: Saimaa University of Applied Sciences publications, Keuruu 2011.
21st Century Jewellery, The best of the 500 Series, p. 72; published by: Lark Crafts, New York 2011.
KORU 3 International Contemporary Jewellery, Exhib. Cat. Imatra Art Museum, pp. 38/39; published by: Saimaa University of Applied Sciences publications, Helsinki 2009.
500 Plastic Jewellery Designs, p. 328; published by: Lark Books, New York 2009.
SCHMUCK 2009, Catalogue to the Special Show, 61st Internationale Handwerksmesse Munich, pp. 44–45; published by: GHM-Messegesellschaft mbH, Munich 2009.

Kunst treibt Blüten – Art is Flowering, Exhib. Cat., p. 40; Ed.: Cornelie Holzach, Stuttgart 2007.
Kunsthandwerk & Design 5/2006, Wilhelm Lindemann: »Ute Eitzenhöfer – Die Botschaft der Dinge«, pp. 10–15; Frechen 2006.
Choice, Contemporary Jewellery from Germany, Exhib. Cat., pp. 20–27; Eds.: Elisabeth Holder, Herman Hermsen, Düsseldorf 2005.
Schmuck 2004, Catalogue to the Special Show, 56th Internationale Handwerksmesse Munich, p. 25; published by: Bayerischer Handwerkstag e.V., Munich 2004.
Gestaltung Kunst Handwerk, Catalogue to the Badenwürttemberg State Applied Arts Trade Fair, 2004, in Freiburg im Breisgau, p. 77; published by: Landesgewerbeamt Baden-Württemberg, Schwäbisch Gmünd 2004.
Jewellery, Roermond's Choice, Exhib. Cat., pp. 56/57; published by: Galerie Marzee, Nijmegen 2003.
Joieria contemporània internacional LUXE INTERIOR, Exhib. Cat., pp. 78/79; published by: Fundació la Caixa, Barcelona 2003.
Corporal Identity – Körpersprache, Catalogue to the 9th Triennial for Form and Content – USA and Germany, pp. 148/149; published by: Museum für angewandte Kunst Frankfurt/M. and The Museum of Arts and Design, New York, Frankfurt/M. 2003.
Gestaltung Kunst Handwerk, Catalogue to the Baden-Württemberg State Applied Arts Trade Fair, 2002 in Esslingen, p. 36; published by: Landesgewerbeamt Baden-Württemberg, Schwäbisch Gmünd 2002.
ARTE IN 3/02, Roberto Chilleri: »L'oro del Reno«, p. 80; Milan 2002.
HFG PF, p. 15; published by: Hochschulbereich Gestaltung der Fachhochschule Pforzheim, Pforzheim 2002.
Jewellery, Apeldoorn's Choice, Exhib. Cat., pp. 10/11; published by: Galerie Marzee, Nijmegen 2001.
Jewellery, Almere's Choice, Exhib. Cat., pp. 50/51; published by: Galerie Marzee, Nijmegen 2001.
SCHMUCK Magazin 6/01, »Plomben für Pforzheim«, p. 64; Ulm 2001.
Kunsthandwerk Baden-Württemberg, Catalogue to the State Exhibition, 2000 in the Hällisch-Fränkisches Museum at Schwäbisch-Hall, p. 43; published by: Bund der Kunsthandwerker Baden-Württemberg e.V., Schwäbisch Gmünd 2000.
SCHMUCK Magazin 6/00, Maria-Bettina Eich: »Spur und Schrift«, pp. 26/27, Ulm 2000.
Craft from scratch – Eine Spur von Handarbeit, Catalogue to the 8th Triennial for Form and Content – Australia and Germany, p. 73; published by: Museum für angewandte Kunst Frankfurt/M., Frankfurt/M. 2000.
Jewellery, Arnhem's Choice, Exhib. Cat., pp. 14/15 and pp. 38/39; published by: Galerie Marzee, Nijmegen 1999.
Jewellery, Nijmegen's Choice, Exhib. Cat., pp. 50/51; published by: Galerie Marzee, Nijmegen 1998.
Schmuck '98, Catalogue to the Special Show, 50th Internationale Handwerksmesse Munich, pp. 44/45; published by: Bayerischer Handwerkstag e.V., Munich 1998.
design report 3/98, bm: »Erlesene Objekte«, p. 16; Hamburg 1998.
Zürichsee-Zeitung [newspaper] of 20th Nov. 1998, Helga Wienröder: »Alles andere als konform«, p. 23; Zurich 1998.
Sieraden de Keuze van Amersfoort, Exhib. Cat., pp. 12/13; published by: Galerie Marzee, Nijmegen 1997.
Schmuck '97, Catalogue to the Special Show, 49th Internationale Handwerksmesse Munich, pp. 44/45; published by: Bayerischer Handwerkstag e.V., Munich 1997.
Schmuck '96, Catalogue to the Special Show, 48th Internationale Handwerksmesse Munich, pp. 32/33; published by: Bayerischer Handwerkstag e.V., Munich 1996.
»schmücken«, Hochschule für Gestaltung, Fachhochschule Pforzheim, Studiengang Schmuck und Gerät 1965–1995; Exhib. Cat., p. 31 and p. 36; Hochschule für Gestaltung Pforzheim, Studiengang Schmuck und Gerät, Stuttgart 1995.

AUTORENVITAE
AUTHOR CVS

CORNELIE HOLZACH (*1959)

wurde in Reutlingen geboren. Nach einer Ausbildung zur Goldschmiedin in Pforzheim studierte sie Schmuckdesign an der Fachhochschule Pforzheim, anschließend Kunstgeschichte an der Universität Karlsruhe. Beruflich war sie u. a. als wissenschaftliche Mitarbeiterin an der Hochschule Pforzheim und am Museum für Angewandte Kunst Wien tätig. Sie ist seit 1997 Mitarbeiterin am Schmuckmuseum Pforzheim und seit 2005 dessen Leiterin.
was born in Reutlingen. After an apprenticeship as a goldsmith she studied jewellery design at the Pforzheim University and art history at the Universität Karlsruhe. Posts she has held include that of academic assistant at the Pforzheim University as well as curator at the Museum of Applied Arts in Vienna. Since 1997 she has been a staff member of the Pforzheim Jewellery Museum, since 2005 its director.

WILHELM LINDEMANN (*1949)

lebt als freiberuflicher Kurator und Autor in der Nähe von Idar-Oberstein.
Langjährige Tätigkeit als Kurator, Festival- und Kulturmanager. Als Theaterproduzent Zusammenarbeit u.a. mit Teatret Cantabile 2 (DK), The Living Theatre (NY), Donald Byrd Dance Company (NY), Tanzcompagnie Rubato (Berlin) und Hanna Schygulla (Paris). Seit 2001 Projektleiter der Restaurierung des Industriedenkmals »Historische Uhrketten- und Bijouteriefabrik Bengel« in Idar-Oberstein und dessen Ausbau zum Kulturdenkmal. Seit 2005 Kurator des wissenschaftlichen Colloquiums »SchmuckDenken« an der Hochschule Trier/Idar-Oberstein und diverse Schmuckausstellungen. Publikationen (Auswahl): Bernd Munsteiner, Reflexionen in Stein, Stuttgart 2004 (mit C. Weber-Stöber), Bengel – Art-Déco-Schmuck und Industriedenkmal, Stuttgart 2007 (Hg.), Zeitgeist, Modeschmuck aus Idar-Oberstein, Stuttgart 2009 (Hg.), SchmuckDenken, Stuttgart 2011 (Hg.), Munsteiner, The Next Generation, Stuttgart 2012.
lives near Idar-Oberstein and is a freelance curator and writer.
He has worked for many years as a curator and manager of festivals and cultural events. As a theatre producer he has collaborated with Teatret Cantabile 2 (DK), The Living Theatre (NY), the Donald Byrd Dance Company (NY), Tanzcompagnie Rubato (Berlin) and Hanna Schygulla (Paris). Since 2001 he has headed the project for restoring the »Historic Bengel Watchchain and Trinket Factory«, an historic industrial building in Idar-Oberstein and converting it to a cultural monument. Since 2005 he has curated »ThinkingJewellery«, an academic colloquium at Trier University of applied Sciences, Idar-Oberstein campus, and a wide range of jewellery exhibitions. Publications (a selection): Bernd Munsteiner, Reflexionen in Stein, Stuttgart 2004 (with C. Weber-Stöber), Bengel – Art-Déco-Schmuck und Industriedenkmal, Stuttgart 2007 (ed.), Zeitgeist, Modeschmuck aus Idar-Oberstein, Stuttgart 2009 (ed.), Schmuck-Denken, Stuttgart 2011 (ed.), Munsteiner, The Next Generation, Stuttgart 2012.

DR. MARJAN UNGER (*1946)

Studierte an der »Kunstnijverheidsschool« – Hochschule für Angewandte Kunst Amsterdam, industrielle Gestaltung (1964–1967). Studium der Kunstgeschichte an der Universität von Amsterdam. Studienschwerpunkte: Zeitgenössische Kunst, Mode und Textilgestaltung, Architektur, industrielle Archäologie und Kunstgeschichte von China und Japan (1974–1987). Chefredakteurin »Bijvoorbeeld« (1980–1989), Dozentinnentätigkeit an der Gerrit Rietveld Akademie Amsterdam (1982–2006). Leiterin des Studiengangs »Freie Gestaltung« am Sandberg Institut – postgraduale Ausbildung an der Gerrit Rietveld Akademie, Amsterdam (1995–2006). Chefredaktorin von »Morf«, Zeitschrift für Gestaltung für Studierende (2004–2008). Promotion an der Universität Leiden (2009). Zahlreiche Publikationen und Vorträge mit dem Schwerpunkt zeitgenössischer Schmuck und Mode. Vielfache Organisation von Symposien und Ausstellungen. Umfangreiche Jury-, Kommissions- und Beratungstätigkeit.
studied at the »Kunstnijverheidsschool« – Amsterdam Art Institute, industrial design (1964–1967). Studied art history at Amsterdam University. Fields of specialisation: contemporary art, fashion and textile design, architecture, industrial archaeology and Chinese and Japanese art history (1974–1987). Editor of Bijvoorbeeld (1980–1989), lecturer at the Gerrit Rietveld Akademie in Amsterdam (1982–2006). Head of the Free Design course at the Sandberg Institute – postgraduate studies at the Gerrit Rietveld Akademie, Amsterdam (1995–2006). Editor of Morf, a design magazine for students (2004–2008). Took her doctorate at Leiden University (2009). Numerous publications and lectures focusing on contemporary jewellery and fashion. Has organised a wide range of symposia and exhibitions. Frequently on art juries and committees and engaged in art consultancy work.

MICHAEL MÜLLER (*1961)

wurde in Pforzheim geboren. Studierte Maschinenbau an der Universität Karlsruhe, Kunst, Technik und Englisch an der Pädagogischen Hochschule in Ludwigsburg und Grafik an der Hochschule Pforzheim. Diplom: 1992 an der Hochschule Pforzheim, Studiengang Schmuck und Gerät. Seither freiberuflich tätig als Designer und Fotograf.
was born in Pforzheim. He studied mechanical engineering at Karlsruhe University, art, technology and English at the Ludwigsburg Institute of Education and graphic design at Pforzheim University. Diploma: 1992 at Pforzheim University, in jewellery and tableware. Since then has freelanced as a designer and photographer.

IMPRESSUM
IMPRINT

Herausgeberin | *Editor*
Ute Eitzenhöfer

Autoren | *Authors*
Cornelie Holzach,
Wilhelm Lindemann,
Dr. Marjan Unger

Konzeption | *Concept*
Ute Eitzenhöfer, Theo Smeets

Projektkoordination | *Project co-ordinator*
Dieter Zühlsdorff

Übersetzung | *Translator*
Joan Clough

Grafische Gestaltung | *Graphic designer*
Silke Nalbach, nalbachtypo, Mannheim

Offset Reproduktion | *Offset reproductions*
Repromayer, Reutlingen

Druck | *Printed by*
Gorenjski tisk, Kranj

Papier | *Paper*
Galaxi Supermat, 170g/m²

Gedruckt auf PEFC-zertifiziertem Papier. Dieses Zertifikat steht europaweit für nachhaltige und sozialverträgliche Waldbewirtschaftung.
Printed on PEFC certified paper. This certificate stands throughout Europe for long-term sustainable forest management in a multi-stakeholder process.

Bibliografische Information der Deutschen Nationalbibliothek
Die Deutsche Nationalbibliothek verzeichnet diese Publikation in der Deutschen Nationalbibliografie; detaillierte bibliografische Daten sind im Internet über www.dnb.de abrufbar.

Bibliographic information published by the Deutsche Nationalbibliothek
The Deutsche Nationalbibliothek lists this publication in the Deutsche Nationalbibliografie; detailed bibliographic data are available in the Internet at www.dnb.de.

ISBN 978-3-89790-406-4

Made in Europe, 2013

Bildnachweis | *Photo credits*
Michael Müller: 7, 9, 12, 26, 100, 102, 103, 108, 109, 110, 114, 116, 157, 159, 161, 163, 164, 165, 166, 169, 170, 171, 172, 173, 174, 175, 176, 177, 178, 179, 180 und alle Portraitfotos
Julian Kirschler: 28, 48, 49, 50, 51, 53, 54, 55, 57, 58, 60, 61, 62, 66, 67, 68, 70, 71, 72, 73, 76, 77, 78, 79, 80, 82, 83, 85, 87, 86, 89, 91
Fotostudio Lichtblick – Jürgen und Hiltrud Cullmann: 96, 97, 98, 99, 104, 105, 106, 107, 113, 117
Ute Eitzenhöfer: Himmelfotos

Dieses Buch entstand im Rahmen eines Forschungssemesters, mit Unterstützung von
This book has been produced within a research semester, with the support of

Schmuckmuseum Pforzheim (DE)

Gesellschaft für Goldschmiedekunst e.V.
Deutsches Goldschmiedehaus Hanau (DE)

CODA Museum Apeldoorn (NL)

Galerie Marzee, Nijmegen(NL)

Ornamentum, Hudson (US)

Hochschule Trier (DE)

Besuchen Sie uns im Internet
Visit us online at
www.arnoldsche.com
www.uteeitzenhoefer.de